Repercussão Inicial de Conselhos de Administração que Geram Valor

"Em *Conselhos de Administração que Geram Valor*, Carver e Oliver apresentam idéias totalmente originais sobre um velho tópico. Esse livro singular e notável oferece, de maneira eficiente e responsável, uma estrutura lógica de governança. A metodologia dos autores, fácil de compreender e brilhantemente explicada, mostra como os conselheiros podem garantir plena responsabilidade perante os proprietários e também fortalecer a administração da empresa."
— James Gillies, Ph. D., Professor Emérito da Schulich School of Business, York University, Toronto, e autor de *Boardroom Renaissance: Power, Morality and Performance in the Modern Corporation*

"A mensagem do livro de John Carver e Caroline Oliver é clara — a governança é uma função do conselho. Ela deve ser a preocupação principal do conselho e estar sob a sua direção e o seu controle. Implementando ativamente o esquema fornecido pelos autores, os conselhos mais avançados serão capazes de demonstrar o seu comprometimento com a promoção da cultura da boa governança empresarial."
— John Hall, FAICD e CEO do Australian Institute of Company Directors

"Carver e Oliver nos apresentam um modelo claro, prático e eficiente de governança. É um modelo que torna os conselhos capazes de cumprir plenamente seu papel de representação, ao mesmo tempo que dá liberdade à administração para que atinja os 'fins' que os proprietários desejam e merecem. Leitura obrigatória para conselheiros e executivos."
— Jack Lowe, Jr., presidente do conselho e CEO da TDIndustries (no top ten das 100 Melhores Empresas para se Trabalhar na América da revista *Fortune* entre 1997 e 2002), Dallas

"*Conselhos de Administração que Geram Valor* é um verdadeiro *tour de force* na área da governança corporativa, um enorme avanço no que se refere à liderança pelos conselhos. Na minha opinião, o título *Chief Governance Officer* e as explicações especiais do papel e da responsabilidade daqueles que preenchem esse cargo são o maior avanço em matéria de *servant leadership* desde que Robert K. Greenleaf escreveu o ensaio original 'The Servant as Leader'."
— Jim Tatum, CEO da Tatum Motor Company, consultor de liderança em faculdades comunitárias e ex-presidente do R. K. Greenleaf Center for Servant Leadership

"Carver e Oliver apresentam um modelo único e inovador de governança corporativa. O que é ainda mais notável é que a estrutura do modelo permite que as políticas de governança corporativa sejam elaboradas para lidar com assuntos da vida real, do dia-a-dia, ao mesmo tempo que estão voltadas para o conselho e para a administração. Assim, o modelo proporciona a todas as partes interessadas o conforto de saber que existe um método racionalmente estruturado de cumprimento das responsabilidades da governança empresarial e, portanto, fiduciárias."

— Christine Jacobs, presidente do conselho e CEO da Theragenics Corporation (entre as 200 Melhores Pequenas Empresas da América da revista *Forbes* em 2001), Duluth, Geórgia

"Carver e Oliver vão desafiar as suas crenças mais arraigadas em relação à governança corporativa — uma verdadeira revolução de pensamento. Os investidores, conselheiros e executivos precisam prestar atenção à mensagem deles."

— Dana R. Hermanson, C.P.A., Ph.D., diretora de pesquisa do Corporate Governance Center, Kennesaw State University, Kennesaw, Geórgia

JOHN CARVER
CAROLINE OLIVER

CONSELHOS DE ADMINISTRAÇÃO QUE GERAM VALOR

DIRIGINDO O DESEMPENHO DA EMPRESA A PARTIR DO CONSELHO

Tradução
PAULO SALLES

Consultoria Editorial
PAULO STANDERSKI
Professor da FGV–EAESP

Prefácios
PAULO DIEDERICHSEN VILLARES
SIR ADRIAN CADBURY

EDITORA CULTRIX
São Paulo

Título do original: *Corporate Boards that Create Value.*

Copyright © 2002 John Wiley e Sons, Inc.

Policy Governance [Políticas de Governança] é uma marca registrada de John Carver.

Os exemplos de política e relatórios de monitoramento foram adaptados do copyright de materiais de John Carver e Mirian Carver.

Copyright dos desenhos © John Carver.

Todos os direitos reservados. Nenhuma parte deste livro pode ser reproduzida ou usada de qualquer forma ou por qualquer meio, eletrônico ou mecânico, inclusive fotocópias, gravações ou sistema de armazenamento em banco de dados, sem permissão por escrito, exceto nos casos de trechos curtos citados em resenhas críticas ou artigos de revistas.

O primeiro número à esquerda indica a edição, ou reedição, desta obra. A primeira dezena
à direita indica o ano em que esta edição, ou reedição, foi publicada.

Edição	Ano
1-2-3-4-5-6-7-8-9-10-11	03-04-05-06-07-08-09-10-11

Direitos de tradução para a língua portuguesa
adquiridos com exclusividade pela
EDITORA PENSAMENTO-CULTRIX LTDA.
Rua Dr. Mário Vicente, 368 — 04270-000 — São Paulo, SP
Fone: 6166-9000 — Fax: 6166-9008
E-mail: pensamento@cultrix.com.br
http://www.pensamento-cultrix.com.br
que se reserva a propriedade literária desta tradução.

Impresso em nossas oficinas gráficas.

SUMÁRIO

Prefácio à Edição Brasileira — *Paulo Villares*	7
Prefácio à Edição Americana — *Sir Adrian Cadbury*	11
Introdução	17
1. A Importância dos Conselhos	25
2. Esquematização das Funções do Conselho	33
3. A Criação de uma Liderança *Coletiva*	50
4. O Relacionamento com a Administração	68
5. Determinando as Expectativas de Desempenho da Administração	81
6. Como Relatar o Desempenho do Conselho e da Administração	103
7. Como Preservar os Ganhos	119
8. Chegue Aonde Você Quer Partindo do Ponto em que Você Está	130
Apêndices	
A. Glossário	140
B. Argumentos em Favor do Termo CGO	143
C. Presidente e CEO: Uma ou Duas Pessoas?	147
D. Conselheiros Internos	154
E. Exemplos de Políticas do Conselho no Modelo de Políticas de Governança	158
F. Exemplo de Relatório de Monitoramento no Modelo das Políticas de Governança	190
Agradecimentos	197
Os Autores	198

ALGUMAS PALAVRAS SOBRE A ENRON

Enquanto este livro está sendo impresso*, a quebra da Enron vem recebendo esmagadora atenção por parte do público, assim como das empresas e do mercado. A governança da Enron exemplifica algumas das falhas de governança corporativa de que trata este livro. Mas as práticas da Enron não eram muito diferentes das de inúmeras outras companhias; "seja o que Deus quiser" é uma frase que certamente se pode ouvir em muitas reuniões de conselhos. O comentário mais revelador sobre governança empresarial, porém, não vem da Enron, mas da *reação* ao caso Enron.

A principal condenação tem recaído sobre os altos executivos, a Arthur Andersen e os comitês de auditoria. Os comentários quanto à culpabilidade do conselho têm sido pouquíssimos e esparsos. Não estamos desculpando os demais citados. Mas os executivos estão sob o controle do conselho; os comitês de auditoria são órgãos do conselho; os auditores, embora tecnicamente escolhidos pelos acionistas, são selecionados, na prática, pelo conselho. Se responsabilidade significa alguma coisa além de maquiar balanços, um erro dos executivos, do comitê de auditoria ou do auditor é na verdade um erro do conselho.

Apesar disso, o discurso a respeito da responsabilidade do conselho está em grande parte ausente da cobertura pela imprensa e, ao que parece, também da maioria das conversas no mundo empresarial. O órgão que se louva como "maximamente responsável" recebe pouca atenção, apesar de sua posição no ápice do organograma. Esse silêncio diz muito sobre como o mundo corporativo, a imprensa e o público vêem os conselhos. É desse silêncio que vamos tratar. Conquistar a responsabilidade e a integridade de governança começa necessariamente com uma redefinição de como todos — e, em primeiro lugar, os próprios conselheiros — concebem a liderança pelo conselho.

---

* Na primeira edição americana (N. do T.).

Prefácio à Edição Brasileira

O termo "governança corporativa" ganhou força nos últimos dez anos, impulsionado, originalmente nos Estados Unidos e na Inglaterra, por um movimento de acionistas minoritários e fundos de pensão inconformados com os maus resultados de muitas empresas nas quais tinham interesses. Na visão daqueles investidores, esse desempenho se devia, principalmente, à falta de uma adequada atuação dos conselhos de administração, que deveriam, antes de mais nada, estar representando também seus interesses e não somente os dos acionistas majoritários.

O termo "governança corporativa", hoje amplamente difundido no Brasil, tem várias interpretações. Segundo a definição dada pelo IBGC (Instituto Brasileiro de Governança Corporativa), é entendido como a representação das práticas e dos relacionamentos entre os acionistas/sócios, conselho de administração, diretoria, auditoria independente e conselho fiscal, com a finalidade de otimizar o desempenho das organizações e facilitar o seu acesso ao capital.

A expressão é concebida para abranger os assuntos relativos ao poder de controle e direção de uma organização, as diferentes formas e esferas de seu exercício, bem como os diversos interesses que, de alguma forma, estão ligados à vida das organizações — sejam elas limitadas, anônimas de capital aberto ou fechado, ou mesmo entidades do terceiro setor.

Assim sendo, o conceito de governança corporativa, por si só, embute sempre uma noção de valor. A "boa" governança permite uma administração melhor que resulta em desempenho superior e beneficia todos aqueles que, de alguma forma, têm interesses na organização.

A "boa" governança corporativa proporciona aos proprietários (acionistas ou sócios) mais valor, principalmente através da ação do conselho de administração (que todas as organizações, segundo nosso entendimento, deveriam ter), pelo estabelecimento — através desse conselho — de princípios (*policies*), de orientação e de efetiva monitoração sobre a direção executiva (gestão), sem nos esquecermos, é obvio, do papel da auditoria independente, do conselho fiscal e da gestão.

A organização que opta pelas boas práticas de governança corporativa adota como linhas mestras a transparência, a prestação de contas (*accountability*) e a eqüidade. Para que essa tríade esteja presente em suas diretrizes de governo, é necessário que o conselho de administração, representante dos proprietários do capital (acionistas ou sócios), exerça o seu papel, que consiste especialmente em aprovar as estratégias para a organização, eleger a diretoria indicada pelo executivo principal, fiscalizar e avaliar o desempenho da gestão e escolher a auditoria independente. No entanto, nem sempre as organizações contam com conselheiros qualificados para o cargo e que exerçam, de fato, sua função legal. Essa deficiência tem sido a raiz de grande parte dos problemas e fracassos nas organizações, na maioria das vezes decorrentes de abusos de poder (do acionista controlador sobre minoritários, da diretoria sobre os acionistas e dos administradores sobre terceiros), erros estratégicos (decorrentes de muito poder concentrado numa só pessoa, geralmente o executivo principal), ou fraudes (uso de informação privilegiada em benefício próprio, situação de conflito de interesses e a utilização irregular de recursos através de contratos de mútuo, entre outros).

No Brasil, os conselheiros profissionais e independentes começaram a surgir basicamente em resposta à necessidade de atrair capitais e fontes de financiamentos para a atividade empresarial, e isso foi acelerado pelo processo de globalização e pelas privatizações de empresas estatais.

Hoje, o mercado de capitais, as organizações, os investidores e a mídia especializada já se utilizam habitualmente da expressão "governança corporativa", e consideram as boas práticas em sua estratégia de negócios e de comunicação.

O Banco Mundial e o Fundo Monetário Internacional — abatidos por sucessivas crises nos mercados de capitais — consideram a adoção de boas práticas de governança corporativa como parte do processo de recuperação e, praticamente em todos os países, surgiram instituições dedicadas à promoção de debates em torno da governança corporativa.

Uma recente pesquisa, realizada por uma grande consultoria internacional, em parceria com o Banco Mundial, junto a investidores que representavam um total de carteira superior a US$ 1.650 bilhões, e destinada a detectar e medir eventuais acréscimos de valor às companhias que adotavam boas práticas de governança corporativa, apurou, entre outras conclusões, que três quartos dos investidores — quando avaliam

PREFÁCIO À EDIÇÃO BRASILEIRA

opções de investimentos — entendem que as práticas do conselho de administração são pelo menos tão importantes quanto o desempenho financeiro. Na América Latina, quase metade dos respondentes considera que as práticas do conselho de administração são mais importantes que o desempenho financeiro.

Assim sendo, uma vez claras a relação entre a governança corporativa com a geração de valor e a importância do conselho de administração, a contribuição deste livro *Conselhos de Administração que Geram Valor*, escrito por John Carver e Caroline Oliver, não poderia ser mais oportuna para vir ao encontro a uma crescente demanda que existe em nosso país por mais conhecimentos sobre governança corporativa e, em especial, sobre o papel que cabe ao conselho de administração numa organização que procura maximizar seu valor.

O "Código das Melhores Práticas" do IBGC, já em sua segunda edição e, no momento, sob nova revisão, apresenta um capítulo inteiramente dedicado ao conselho de administração. John Carver, que tive a oportunidade de conhecer em duas apresentações (uma na Fundação Getúlio Vargas e outra para o Conselho do Hospital Albert Einstein), em sua recente visita ao Brasil abordou o papel do Conselho de Administração de maneira extremamente prática e racional, dentro de uma lógica sólida e bem expressa com riqueza de detalhes neste livro.

Algumas afirmações e sugestões, tais como:

- "a natureza do trabalho de um conselho não consiste apenas em gerir a empresa em um nível acima da gestão, mas sim administrá-la, representando tão-somente o interesse dos proprietários"; e, por conseqüência,
- "conselhos responsáveis (*accountable*) são o elo de ligação entre os proprietários e os gestores, exercendo funções claras e não atuando apenas como consultores",
- "a correta delegação de autoridade pelo conselho à gestão deve envolver sempre o controle simultaneamente com a transmissão de mais poder",
- como tornar mais simples o trabalho de um conselho ao definir as políticas (*policies*) da organização para a gestão,
- como separar o papel do conselho definindo apenas os objetivos desejados (sempre de acordo com os proprietários) deixando para a gestão, com absoluto poder e responsabilidade, conferido ao seu principal executivo (CEO), a definição dos meios para se alcançar os resultados almejados,

fazem a leitura deste livro uma necessidade absoluta para todos aqueles que de alguma forma têm algum relacionamento com conselhos de administração, sejam eles acionistas (majoritários ou minoritários), sócios, conselheiros, aspirantes a conselheiros e membros de conselhos fiscais.

Foram para mim verdadeiros privilégios conhecer John Carver e poder prefaciar a tradução deste seu livro para o português.

Paulo Diederichsen Villares
Presidente do Conselho do Instituto
Brasileiro de Governança Corporativa

Prefácio à Edição Americana

É um privilégio ter sido convidado a escrever o prefácio de um livro que deverá mudar nosso pensamento sobre conselhos. *Conselhos de Administração que Geram Valor* deve ser lido com mente aberta, deixando de lado toda a acumulação de práticas aceitas e encarando o assunto de maneira totalmente nova. Há muito tempo esperávamos um livro que analisasse o papel dos conselhos de administração a partir dos primeiros princípios. Agora, John Carver e Caroline Oliver vêm preencher essa lacuna, e com uma perseverante lucidez. Como eles dizem, "os avanços significativos na governança surgem apenas quando se repensa a própria natureza da função do conselho". Nós outros, envolvidos com as questões relativas à governança corporativa, concebíamos os conselhos do modo como estavam, e tentávamos encontrar maneiras de tornar mais eficazes os sistemas já existentes dos conselhos. O resultante enfoque da governança e o surgimento dos códigos de *melhores práticas* resultantes viram um palpável aperfeiçoamento da eficácia dos conselhos, impulsionado pelas forças do mercado. No entanto, para um avanço significativo, na visão de Carver e Oliver, é necessário um novo modelo de governança, e não meros aperfeiçoamentos do modelo já existente.

O modelo de Políticas de Governança cumpre essa tarefa e, com isso, faz uma contribuição fundamental para a causa da melhor governança. Cada elemento do novo modelo é solidamente baseado na lógica. Como resultado, todos os elementos se unem para formar uma estrutura de governança única e coerente. O que nos é apresentado, pela primeira vez, é um sistema totalmente integrado e coerente de governança. O papel do conselho consiste em governar em nome dos proprietários. É somente o conselho, portanto, que determina os fins do empreendimento, o seu propósito essencial. Ele o faz à luz das expectativas dos proprietários e atua para os proprietários. Como esses fins são atingidos é responsabilidade da administração, e envolve uma escolha dos meios. Os meios são delegados à administração, mas dentro de limites cuidadosamente estabelecidos pelo conselho. Decidir quais são os meios inaceitáveis é uma responsabilidade crucial do conselho, porque a maior parte dos danos à reputação da empresa advém dos meios errôneos. Quanto mais clara for a orientação das políticas do conselho, maior será a liberdade do executivo de usar a sua inteligência e experiência para alcançar resultados já decididos, e maior a sua capacidade de agir com rapidez, sem se reportar de volta ao conselho — desde que a sua ação esteja sempre dentro dos limites.

Os conselhos, do modo como os conhecemos, enfrentam o problema de onde e de como traçar a linha divisória entre governar, que é a tarefa do conselho, e administrar, que é a tarefa dos executivos. A tentação é sempre a de a governança se infiltrar na administração. Administrar um negócio é algo que se assimila de maneira mais imediata, mais compreensível e mais fácil do que determinar a finalidade de um negócio e delinear a estrutura dentro da qual ele deve ser administrado. A conseqüência é que os conselhos tendem a olhar mais para dentro — para a administração — do que para fora — para os acionistas e para o modo como melhor governar em nome deles. Uma vez que tenha definido os fins e delimitado os meios, o conselho estabelece uma base inequívoca para a separação entre os papéis do conselho e da administração.

O modelo de Políticas de Governança, detalhadamente desenvolvido neste livro, representa um avanço significativo no pensamento gerencial. Esse modelo não é apenas lógico e integrado; é também o que mais se aproxima de uma teoria universal da governança na atualidade. Ele parece aplicável à maior parte dos tipos de órgãos de governança na maioria dos países do mundo. Sua universalidade serve de parâmetro para se avaliar a qualidade de todas as espécies de modelos de governança existentes. Aceito, baseado na experiência, a advertência dos autores quanto à importância de se instalar o modelo de Políticas de Governança como um todo, e não introduzi-lo por etapas ou utilizá-lo para remendar um sistema já existente. Não obstante, o livro indica quais são os elementos do modelo que podem ser aproveitados para proporcionar maior clareza de propósitos e de funções à estrutura e ao funcionamento de qualquer conselho. Mesmo que os conselheiros não pensem, por enquanto, na hipótese de adotar o modelo, o pensamento que está por trás dele é relevante para qualquer grupo dotado de responsabilidades de governança.

Uma mudança para o modelo de Políticas de Governança é um avanço direto, pois a lógica por trás do modelo é muito clara. Exatamente por ser orientado pela lógica, ele é irredutível e não pode ser deformado para se adaptar a individualidades da maneira como normalmente nós tratamos nossas estruturas organizacionais. Requer um método disciplinado, e disciplina é algo desconfortável — em especial, talvez, para aqueles dentre nós habituados a procedimentos relativamente anárquicos nos conselhos. O conselho deve se disciplinar para tratar de qualquer assunto por meio de políticas. Isso é consideravelmente mais exigente do que tomar decisões, ou concordar com elas, conforme elas vão surgindo e interferir na administração de tempos em tempos. Pensar é um trabalho difícil. Os conselheiros que trabalharem com o modelo de Políticas de Governança deverão construir uma estrutura que ao mesmo tempo forneça ao CEO um quadro claro dos resultados a atingir e estabeleça os limites dentro dos quais esses resultados devem ser atingidos. Como salientam os autores, o conselho deve tanto prescrever quanto proscrever.

Os conselhos que seguirem o modelo serão dotados de clareza quanto a seu papel, e as confusões a que nos referíamos, quanto aos domínios respectivos do conselho e da diretoria, são resolvidas. Para destacar a função de governança, Carver e Oliver sugerem que quem presidir o conselho deverá ser chamado de *chief governance officer** (CGO). Embora seja difícil alterar títulos tradicionais, esse é um conceito poderoso, e o momento é adequado. O essencial é a marca que ele imprime à função do conselho e daqueles que presidem o conselho. Eles estão lá para governar. Quando se designa o presidente do conselho como *chief governance officer*, cria-se uma sólida diferença entre este cargo e o de *chief executive officer***.

O desafio seguinte consiste em saber se o CEO pode também ser CGO. A lógica do modelo me parece dar mais peso ao argumento em prol da separação dos papéis. Quanto maior a precisão com que se dividirem as funções do conselho e da administração, mais lógico se torna, para ambos, ter chefes diferentes. Para um CEO, seria uma vantagem, sem dúvida, ter alguém cujo papel fosse bem nitidamente diverso do seu, como é o do CGO nesse novo modelo, com quem pudesse dividir e debater pensamentos, idéias e preocupações. Uma dificuldade com a separação habitual de funções entre presidentes de conselhos e *chief executives* é a de que ainda resta, entre esses postos, um domínio comum grande o bastante para que a complementaridade resvale em competição. No modelo, ambos os postos servem ao conselho, e o presidente, ou CGO, não é o chefe do CEO. O

---

*Algo como "governante-chefe" (N. do T.).

**Algo como "executivo-chefe" (N. do T.).

CEO tem um superior — o conselho — e uma responsabilidade — administrar os negócios conforme o quadro de políticas estabelecido pelo conselho. Porém, da mesma forma, se os dois postos forem ocupados pela mesma pessoa, as definições claras de papéis contidas no novo modelo deverão tornar mais fácil para essa pessoa distinguir entre elas. Saber qual dos dois títulos o CGO-CEO está usando a cada momento seria benéfico, tanto para os membros do conselho quanto para os administradores.

Claramente, os presidentes, ou CGOs, têm um papel central a cumprir na garantia de que os conselhos de governança vão funcionar da maneira delineada pelo novo modelo. Como dizem Carver e Oliver: "Acreditamos que o papel do presidente é um dos fatores mais importantes para o desenvolvimento do potencial do conselho, e, por isso, vamos dar a ele uma atenção considerável." Apóio fortemente a importância atribuída ao papel do presidente pelo modelo. O livro enfatiza que o conselho deve se pronunciar com uma voz única, e que o CEO só adota diretrizes do conselho como um todo. O conselho se pronuncia com uma voz única, somente como resultado do comprometimento dos conselheiros nesse sentido e da habilidade do presidente. Duvido que aquilo que se requer de uma pessoa para servir adequadamente em qualquer tipo de conselho ou comitê seja uma forma natural de comportamento. A tarefa principal de um presidente é fazer com que os membros de um conselho trabalhem juntos de modo eficaz e obter deles o melhor. Isso é o que o servo conseguia fazer, na história em que se baseou o conceito de *líder responsável* de Robert Greenleaf. Os presidentes têm um desafio de liderança crucial. São eles os responsáveis por transformar um agregado de indivíduos competentes numa equipe eficiente. O novo modelo exige muito de seus presidentes e, em boa parte, depende deles.

Um outro campo em que o novo modelo atinge ótimos resultados é o da avaliação. Uma das tarefas mais difíceis que enfrentam os conselhos, hoje, consiste em avaliar com precisão a seu próprio desempenho e o dos executivos. Um conselho de Políticas de Governança tem critérios claros para avaliar a sua própria eficiência. Ou seja, avaliar a si mesmo em relação aos seus próprios termos de referência, depois de já ter discutido quais são esses termos. Da mesma forma, o CEO e a equipe executiva são avaliados em termos de desempenho da empresa. Toda avaliação é feita segundo critérios conhecidos e aceitos, com o objetivo de aprender com o processo.

Um dos resultados da esquemática do novo modelo é que ele relaciona a governança à propriedade, e também à propriedade ativa. A governança é em si mesma uma função separada, e não um nível superior

PREFÁCIO À EDIÇÃO AMERICANA

de administração. A governança determina a estrutura dentro da qual tudo o que está sendo governado possa ser administrado. Uma boa governança não significa constranger a administração. Conselhos fortes merecem executivos fortes, e executivos fortes deveriam ser favoráveis à idéia de trabalhar com conselhos que lhes dêem um panorama claro e liberdade operacional dentro de limites conhecidos.

O objetivo de *Conselhos de Administração que Geram Valor* é ajudar os conselhos a fazer o avanço significativo do qual são capazes no interesse de seus proprietários e, de um modo mais geral, da sociedade. Minha esperança é de que este livro seja amplamente lido, debatido e discutido por aqueles que se encarregam de dirigir organizações de todos os tipos. Não devemos nos esquivar de examinar o suporte teórico dos sistemas e processos pelos quais nós dirigimos e administramos nossas instituições. Como explicam John Carver e Caroline Oliver, uma governança racional deve ser esquematizada a partir de um paradigma coerente. E agora eles nos apresentam esse paradigma.

Knowle, Solihull, West Midlands   SIR ADRIAN CADBURY
Maio de 2002

Sir Adrian Cadbury foi presidente do Comitê para Aspectos Financeiros da Governança Corporativa do Reino Unido ("Relatório Cadbury"), conselheiro do Banco da Inglaterra, presidente do conselho da Cadbury-Schweppes e *Chancellor* da Aston University. É autor de *The Company Chairman e fellow* honorário do King's College de Cambridge.

Para Miriam e Ian

Introdução

Se não nos preocuparmos com o modo de dirigir as
organizações, as organizações é que vão nos dirigir.

— *J. Keith Louden*[1]

Hoje, nas salas dos conselhos empresariais — talvez devido a uma compreensão cada vez maior de que "governar" não é simplesmente um sinônimo bonito de "administrar", ou por causa das piadas sobre "onde é que estava o conselho?", ou simplesmente porque os conselheiros querem fazer um trabalho melhor —, o cenário é estimulantemente diferente do que era apenas alguns anos atrás. E nós acreditamos que pode ficar ainda melhor.

Este livro é sobre o papel da governança corporativa. A palavra *governança* tem várias definições, mas, neste livro, significa simplesmente a função do conselho de administração. Na medida em que avançarmos, apresentaremos as definições da natureza e do valor próprio dessa função e, em seguida, prosseguiremos discutindo as suas conseqüências para o dia-a-dia das empresas. Portanto, este livro é ao mesmo tempo conceitual e prático.

As exigências de que os conselhos exerçam a sua autoridade sobre a administração são cada vez maiores. Este livro explica como os conselhos podem assumir o pleno potencial dessa autoridade, ganhando força e autonomia sem sacrificar o poder da administração. O desafio para os conselhos fortes não é tanto o de tolerar uma administração forte, mas de *exigi-la*. Uma assertividade maior, por parte do conselho — o que já é uma realidade em franco desenvolvimento —, deve ser configurada de modo a produzir uma administração forte, e não frágil. É necessário um conceito coerente e prático de governança para que a parceria entre o conselho e a diretoria, que vem passando por tantas modificações, possa render ao máximo.

Nosso desejo é contribuir com um sistema funcional que satisfaça tal necessidade — o modelo Políticas de Governança [*Policy Governance*]. Acreditamos que esse modelo inclui todos os conceitos lógicos e práticos necessários. Como estrutura, ele provê um modo de o conselho abordar os assuntos corporativos, separando sua função da função executiva e delegando com poder, mas conservando a sua própria responsabilidade. Falaremos, em primeiro lugar, da mentalidade de governança ou, mais precisamente, dos princípios organizadores dessa mentalidade; em seguida, de um processo que a sustenta e orienta; e, por fim, dos documentos práticos que a registram e codificam. Portanto, embora procuremos influenciar o modo como os conselheiros *pensam*, nós demonstramos também como o novo pensamento pode permitir aos conselhos *atuar* com um equilíbrio mais preciso entre autoridade retida e autoridade delegada.

A Quem se Destina este Livro

Este livro foi escrito, em primeiro lugar, para os diretores que, apesar dos avanços recentes, continuam em busca de *insights*, de novas idéias ou mesmo de teorias úteis. Nossa intenção não é desvalorizar o lado prático. Longe disso. Nosso objetivo é apresentar soluções práticas, erigidas sobre uma estrutura cada vez mais coerente, para a governança corporativa enquanto função à parte. Para sermos mais precisos, este livro foi escrito para conselheiros que estejam buscando uma estrutura básica coerente para a função do conselho — uma orientação prática, sem dúvida, mas uma prática fundamentada num conjunto cuidadosamente construído de idéias sobre a natureza da própria função do conselho.

Escrevemos também para as pessoas que confiam o seu patrimônio aos cuidados de conselheiros empresariais, assim como para os que trabalham para eles e com eles e para os que os regulamentam. Para todos os envolvidos com o tema da governança, sejam eles conselheiros, investidores, executivos, consultores, acadêmicos ou legisladores, apresentamos um modo de conceber, favorecer e avaliar o trabalho dos conselhos. Pedimos aos nossos leitores que não são conselheiros que entendam que a nossa intenção, ao fazer com que o livro se dirigisse diretamente aos conselheiros, era atender aos interesses de todos os leitores, e não excluí-los.

Preparando o Terreno

Antes de demonstrar a aplicação concreta do modelo Políticas de Governança, pedimos ao leitor que considere algumas idéias — algumas familiares e outras não, algumas facilmente aceitas e outras não. Essas idéias preparam o terreno, o contexto, do qual as aplicações práticas decorrem naturalmente. Os leitores terão reações variadas a essas idéias, como sempre acontece com qualquer novo modo de se organizar qualquer trabalho. Alguns conselheiros não verão nada de novo além de uma codificação de suas próprias convicções. Outros só encontrarão idéias às quais vão se habituar instantaneamente. Outros ainda vão achar as idéias estranhas, pelo menos de início.

Nosso objetivo é reduzir as barreiras à compreensão, mas não podemos evitar por completo pelo menos uma dificuldade específica: a linguagem especializada. Por mais que se queira reduzir o uso do jargão, num mundo já infestado de jargões, descobre-se que novos conceitos e novos meios de organizar velhas concepções muitas vezes exigem novos rótulos, para distingui-los de idéias antigas ou de meios mais familiares. As novas expressões, assim como as expressões comuns utilizadas com sentidos específicos, estão definidas no glossário, no Apêndice A.

Explicar como e por que o modelo de Políticas de Governança funciona nos parece uma responsabilidade tão grande quanto o potencial de recompensas que ele traz em termos de transparência, clareza, definição de papéis e responsabilidade empresarial. Sabemos, por muitos anos de experiência no trabalho com conselhos, que as mudanças substanciais que este livro propõe produzem um significativo aperfeiçoamento da percepção, por parte dos conselheiros, de sua eficácia. Sabemos também que uma governança altamente eficiente é impossível se os fundamentos conceituais não estiverem solidamente estabelecidos.

Governança e não Administração

Neste livro há um pressuposto implícito de que governar uma empresa e administrá-la são atividades diferentes, que requerem sistemas diferentes. Sustentamos que a governança pode ser mais bem visualizada como algo *externo* ao fenômeno da administração e *interno* ao fenômeno da propriedade. A governança opera num nível que transcende as questões correntes e as tradições específicas da empresa e eleva as pessoas a um nível conceitual superior, onde a responsabilidade pode ser vista com maior clareza. Governar requer — e gera — uma paixão pela liderança, uma liderança não somente sobre os outros como também em nome dos outros.

Este livro não é simplesmente uma série de novas "melhores práticas". As práticas derivam das visões de mundo individuais. Qualquer que seja a sua concepção da responsabilidade do conselho, você pode dedicar um tempo proveitoso a aprender métodos, protocolos e técnicas refinadas para melhor integrar a sua concepção desse papel. Mas as práticas melhores raramente alteram a própria concepção — do mesmo modo como os editores de texto eletrônicos não evoluíram a partir dos esforços de aperfeiçoamento das máquinas de escrever. Os últimos anos testemunharam uma onda de interesse por melhores práticas, e nós esperamos que o interesse continue. Mas nossa contribuição é questionar e recomendar uma mudança na concepção da própria função. Na medida em que formos bem-sucedidos, as organizações deverão passar por toda uma nova rodada de melhores práticas — mas construídas a partir desse novo paradigma.

Acreditamos que, apesar de todo o aumento da atenção dada ao tópico da governança e dos resultantes aperfeiçoamentos das estruturas, processos e práticas dos conselhos, resta uma deficiência fundamental. Este livro busca preencher essa lacuna unificando conceitos e práticas de governança num único sistema lógico de operação — as Políticas de Governança.

O que Você Vai Aprender

Na medida em que formos desenvolvendo a estrutura das Políticas de Governança, você vai conhecer alguns pontos de vista interessantes sobre governança — mesmo que o seu conselho de administração decida não adotá-los. Para lhe dar uma prévia do que virá a seguir, apresentamos as seguintes proposições:

- Só ocorrerão avanços significativos no tema da governança quando as pessoas reconhecerem que ela não é uma subcategoria ou extensão da administração, mas uma subcategoria ou extensão da propriedade. *Portanto, a natureza da função de governança não está um degrau acima da administração, mas um degrau abaixo da propriedade.*
- Um conselho deve ser um elo ativo, decisório e independente da cadeia de autoridade que vai dos proprietários aos operadores. *Portanto, os conselhos responsáveis exercem comando, e não consultoria.*
- Uma realização assertiva da autoridade do conselho não precisa resultar numa administração fraca. *Portanto, uma delegação adequada deve resultar simultaneamente em controle pelo conselho e em fortalecimento da administração.*
- Enquanto a governança estiver centralizada no CEO ou no presidente do conselho, a excelência na representação dos proprietários vai permanecer fora de alcance. *Portanto, uma governança responsável deve estar centralizada no conselho e ser controlada pelo conselho.*

INTRODUÇÃO 21

- O presidente do conselho não é propriamente um chefe, mas o primeiro entre iguais, enquanto líder-servidor essencial do conselho; ele é responsável por assegurar que o conselho governe com sucesso. *Portanto, a presidência do futuro não consiste numa administração de ponta, mas é melhor concebível como — e, melhor ainda, intitulada — chief governance officer (CGO).*
- Liderar um grupo de iguais para definir e exigir uma execução bem-sucedida é um processo inteiramente diferente do de liderar subordinados para atingir uma execução bem-sucedida. *Portanto, uma clara separação entre os papéis do presidente do conselho e do CEO é essencial, mesmo quando os dois cargos são acumulados pela mesma pessoa.*
- A transparência perante os proprietários e perante a sociedade é comprometida quando o conselho não torna explícitos e acessíveis os seus valores, ou quando permite que o gerenciamento das informações ou do desempenho seja oculto. *Portanto, a transparência externa depende marcadamente da transparência interna.*
- As práticas tradicionais, mesmo as melhores práticas, embora sejam claramente coletâneas de bons preceitos, são limitadas quanto ao grau de aperfeiçoamento que podem proporcionar, porque não derivam de um todo conceitualmente sólido. *Portanto, uma governança mais madura deve ser esquematizada a partir de um paradigma coerente, e não de um agregado de elementos.*
- Embora a estrutura, o processo e a prática sejam importantes, os avanços significativos na governança surgem apenas quando se repensa a própria natureza da função do conselho. *Portanto, uma governança poderosa deriva de uma consideração do valor que o conselho deve agregar, além de um planejamento da função rigoroso o bastante para gerar esse valor.*

Como este Livro Está Organizado

Nós desenvolvemos o modelo de Políticas de Governança e suas implicações para a governança corporativa de modo seqüencial; portanto, este livro foi feito para ser lido na ordem em que é apresentado. O Capítulo 1 trata do valor que os conselhos agregam e, a partir de um exame da fonte e da natureza da autoridade do conselho, sugere uma redefinição e uma elevação do valor gerado. O Capítulo 2 estabelece as bases do sistema de Políticas de Governança, por meio dos quais os conselhos podem produzir esse valor. Os Capítulos 3, 4 e 5 aplicam o sistema ao processo do conselho, à sua relação com o CEO e ao modo como ele dirige o desempenho da empresa. O Capítulo 6 trata da mecânica da responsabilidade — elaboração e utilização de relatórios adequados do desempenho da empresa. O Capítulo 7 examina o que os conselhos podem fazer para continuar no caminho certo. O Capítulo 8 descreve um processo de implementação típico.

Para não comprometer a fluência do livro, deslocamos uma série de discussões e referências importantes para os apêndices. O Apêndice A é um glossário das expressões que introduzimos ou usamos de maneira pouco usual. O Apêndice B desenvolve algumas observações feitas no corpo do texto a respeito da expressão *chief governance officer*, como instrumento para dar clareza ao papel do presidente do conselho. O Apêndice C apresenta argumentos contrários à combinação das funções de presidente e CEO numa única pessoa — embora o modelo Políticas de Governança exija apenas que esses papéis sejam separados, combinem-se ou não numa única pessoa. O Apêndice D trata da inclusão, nos conselhos, de membros internos (não-executivos). O Apêndice E fornece uma série de exemplos de políticas, abrangendo e complementando os exemplos fornecidos no texto principal. O Apêndice F dá um exemplo de relatório de monitoramento de políticas.

Nosso Enfoque

Um enfoque único numa estrutura de governança é um enfoque restrito — embora, num certo sentido, seja o mais abrangente possível. Afinal, o objetivo da estrutura é proporcionar um modo de se conceber tudo que se refira aos escalões superiores de qualquer companhia — todos os diversos níveis de decisão, tipos de decisão, responsabilidades, perfis de funções e autoridades. Este é um livro simples sobre um assunto bastante complexo, e que tenta proporcionar uma estrutura racional em que todas as decisões de governança possam se encaixar — um guia para a utilização adequada do talento, do senso de responsabilidade e da prudência dos conselheiros.

Nós não tratamos do conteúdo de inúmeras decisões que os conselhos enfrentam. E "conteúdo" quer dizer os conjuntos de informações necessárias para se tomar decisões sábias quanto a empreendimentos específicos, como fusões, aquisições, planos de opção de ações, ofertas públicas, ingressos em novos mercados e uma infinidade de outros desafios. Em vez disso, tratamos das questões subjacentes: para que serve um conselho, como separar seu papel de tomada de decisões do papel da administração, como delegar com poder sem se furtar à própria responsabilidade, como ser mais ativo sem enfraquecer a administração, como distinguir entre as informações necessárias para governar e as informações necessárias para administrar e como controlar sem interferir.

Acreditamos que um paradigma mais coerente de governança corporativa do que o que já existe poderá descomplicar e enriquecer grande parte do diálogo corrente sobre liderança, responsabilidade e elaboração de políticas, bem como estimular e inspirar práticas cada vez mais eficientes. É para esses fins que este livro foi escrito.

Atlanta, Geórgia   JOHN CARVER
Oakville, Ontário   CAROLINE OLIVER
Maio de 2002

Nota

1. J. K. Louden, *The Effective Director in Action* (Nova York: AMACOM, 1975), p. 117.

Capítulo 1

A Importância dos Conselhos

Para que se restaure a legitimidade do sistema, é preciso
que a cadeia de responsabilidade se torne mais eficaz.
— *David S. R. Leighton e Donald H. Thain*[1]

Neste Capítulo

- A importância da governança corporativa
- O valor gerado pelos conselhos

A governança corporativa, antigamente negligenciada, hoje está na ordem do dia. Há um consenso generalizado de que os conselhos de administração são essenciais à liderança empresarial como um todo e ao papel das companhias na sociedade. Muitos participantes e observadores do cenário empresarial acreditam que a governança corporativa é de real valor para o aperfeiçoamento do desempenho da empresa e das percepções dos investidores.

Esse crescente senso da importância fundamental de uma boa governança se reflete também na onda de expectativas depositadas nos conselhos. Essas expectativas vêm sob a forma de diretrizes consultivas, princípios e códigos de procedimento, juntamente com as leis e regulamentos prescritivos sancionados pelos governos e seus órgãos, como a Securities Exchange Commission* dos Estados Unidos. Hoje existem mais de sessenta códigos de governança corporativa editados pelas bolsas de valores e demais grupos competentes no mundo inteiro, além do desnorteante volume de leis regionais, nacionais e internacionais. O enfoque se intensificou também pela recente avalanche de livros sobre governança;

---

* O órgão que regulamenta e fiscaliza o mercado de capitais nos Estados Unidos. Corresponderia, no Brasil, à CVM (Comissão de Valores Mobiliários) (N. do T.).

pelas matérias sobre atualidades empresariais na mídia — inclusive de desastres em grande escala — discutindo a ação e a inação dos conselhos; e por freqüentes notícias de ativismo de acionistas.

Toda essa atenção estimulou muitos conselhos a se aperfeiçoar significativamente. Entre os aperfeiçoamentos estão maior transparência, maior independência da administração, mudanças na composição dos comitês de auditoria e separação entre o papel do presidente* do conselho e o papel do CEO. O tema da governança corporativa se abriu como nunca se abrira antes — mas, neste livro, defendemos que há um outro e mais avançado nível de excelência à disposição.

De passagem, advertimos que neste livro as palavras *empresa* e *companhia*** serão empregadas com o mesmo sentido. Reservamos a palavra "negócio" para designar não uma organização, mas o tipo de atividade a que a empresa possa se dedicar.

Qual é o Valor Gerado pelos Conselhos?

Nosso título, *Conselhos de Administração que Geram Valor*, traz embutida uma questão fundamental. A maioria das pessoas concordaria que, no exigente mercado de hoje, nenhuma parte de nenhuma empresa pode ser meramente cerimonial. Na verdade, uma grande parte da discussão sobre governança corporativa das últimas duas décadas implorava aos conselhos que eles *agregassem valor*. Mas que valor deve ser esse? Um começo de resposta para essa pergunta está na observação do que se pode inferir das práticas atuais dos conselhos:

Consultoria especializada. Os conselheiros agem como um grupo de consultores especializados da administração. Eles proporcionam qualificação, conhecimento e experiência em especialidades gerenciais relevantes, ou em administração em geral. Às vezes a consultoria é prestada pelo conselho como um todo, mas em geral vem dos conselheiros individualmente, o que torna pouco clara a posição do conselho como *grupo*. Às vezes o

---

* Para evitar confusões, a palavra "presidente" (*chair, chairman*) será utilizada, neste livro, apenas para designar o presidente *do conselho de administração*, e não o diretor-presidente. Os executivos serão designados genericamente como "diretores" ou "administradores" — ou, se for o caso, pelas expressões e siglas em inglês (CEO, COO, CFO etc.), já suficientemente popularizadas no jargão empresarial brasileiro (N. do T.).

** No original, *company* e *corporation*, respectivamente. *Company* é um termo genérico, enquanto *corporation* equivale aproximadamente à empresa sob a forma de *sociedade anônima* — ou *companhia* — do direito societário brasileiro (N. do T.).

conselho é proativo nesse papel de consultoria; ele sugere ou pesquisa temas em relação aos quais sua opinião deva ser solicitada. Às vezes age mais como uma caixa de ressonância, à qual os administradores podem recorrer quando e se quiserem. Uma outra contribuição, intimamente relacionada a essa, que o conselho pode dar é o desenvolvimento de administradores.

Salvaguardas. O conselho proporciona segurança, especialmente para os investidores, garantindo que tudo vai bem na empresa e assegurando uma divulgação adequada das informações. Para fazer isso, o conselho normalmente requer que a administração submeta seus principais planos e intenções à aprovação do conselho e, em seguida, mantenha o conselho atualizado por meio de relatórios de andamento. Quando o conselho percebe algo de que não gosta, ele age como um interruptor, fazendo com que a administração já existente volte aos eixos ou substituindo-a por uma nova administração.

Conexões úteis. As posições e os contatos dos membros do conselho em outros ambientes são úteis para a empresa de cujo conselho fazem parte, em termos de finanças, relações públicas e clientes em potencial.

Esses tipos de contribuição não são insignificantes, e eles são continuamente aperfeiçoados conforme os conselhos vão sendo apresentados a novos códigos e recomendações de melhores práticas. Este livro, porém, defende que a responsabilidade e o potencial de geração de valor dos conselhos vão além disso. Nossa tese é a de que os conselhos podem gerar um valor muito maior do que o fazem hoje. No entanto, para que se compreenda como isso pode ser feito, é preciso reexaminar e reformular o valor que eles agregam e o esquema da função que gera esse valor. O restante deste capítulo dará início a esse reexame e reformulação, defendendo, em primeiro lugar, uma definição nova e mais ambiciosa do valor que os conselhos devem gerar e, em segundo lugar, uma reesquematização — isto é, uma reengenharia — da função do conselho, desde a base, com o propósito de gerar esse valor.

Por que os Conselhos Existem?

Para se definir o valor dos conselhos, é preciso começar do começo. Por isso, nossa primeira pergunta — qual é o valor gerado pelos conselhos? — precisa ser revista também. Deve-se perguntar, em vez disso, de onde vem a autoridade do conselho, qual a razão dessa autoridade e qual a natureza dessa autoridade. Em outras palavras: por que os conselhos existem?

A Fonte da Autoridade do Conselho

Os *proprietários* da empresa são a fonte da autoridade do conselho; é em nome deles que o conselho atua. A maioria dos conselhos, na maior parte do mundo, considera os acionistas proprietários da companhia, mas existem exceções. Em alguns países, por exemplo, o Estado determina por lei que os proprietários são os empregados. Além disso, vários autores argumentam que limitar o conceito de propriedade aos acionistas é aceitar uma definição estrita demais. Alguns argumentam[2] que os conselhos, no mundo globalizado e interdependente de hoje, estão moralmente obrigados, qualquer que seja a sua situação jurídica, a incluir entre os proprietários vários outros grupos com interesse na administração como os empregados, clientes, credores, fornecedores e a comunidade em geral. O núcleo do argumento é o de que esses grupos com interesse na administração têm um investimento na empresa, embora não acionário, e esses investimentos não acionários também devem contar como participação.

O quadro se complica mais pelo fato de que os acionistas variam desde o pequeno investidor individual até o grande investidor institucional. Eles variam desde aqueles com pouco ou nenhum poder até os que, pelo tamanho de sua participação no capital, detêm um poder de controle. Variam desde aqueles que só votam por procuração até os que comparecem todo ano à assembléia geral. Além disso, os conselhos, desde que obedeçam aos estatutos em vigor, têm o poder de criar diversas classes de propriedade (diferenciando, por exemplo, entre os titulares de ações ordinárias e de ações preferenciais), com direitos de voto diferentes e, portanto, níveis de poder diferentes dentro da propriedade geral.

A função do conselho enquanto árbitro dos diversos interesses é certamente mais importante do que nunca hoje em dia. Os proprietários legais são, é claro, os únicos cujo poder supera o do conselho. Mas, com o consentimento dos proprietários legais, o conselho pode influenciar a composição dos investimentos que a empresa deve atrair, exercendo, com isso, um papel proativo na decisão de quem serão os proprietários.[3] Para os fins desta discussão, é suficiente reconhecer que são os proprietários, seja qual for o modo como se definam, a fonte da autoridade do conselho.

A Razão da Autoridade do Conselho

O ato de constituição dá à empresa uma identidade jurídica distinta das pessoas que a possuem e a operam. Essa distinção, cujo alcance varia conforme as leis de cada país, proporciona, para os proprietários, proteção contra o risco, e, para os operadores, liberdade de agir. O grau de controle que o poder público deve ter sobre questões como o tamanho, o poder, o envolvimento político e o impacto da empresa sobre o meio ambiente serão provavelmente sempre objeto de debate. Embora os conselhos não tenham autoridade sobre o quadro jurídico em que operam, eles têm um enorme poder por constituírem o elo de ligação entre os proprietários e os operadores da empresa.

Como os proprietários são a fonte da autoridade na empresa, conclui-se que a necessidade de um conselho que governa surge apenas quando os proprietários são numerosos demais para dirigir e controlar a empresa por si mesmos. Portanto, a idéia de autoridade do conselho, como uma espécie particular de autoridade, só ocorre quando existe uma lacuna entre a propriedade dos ativos e a administração desses ativos. Ou seja, essa lacuna entre a propriedade dos ativos e a administração desses ativos levou à idéia de um tipo particular de autoridade — a autoridade do conselho. A posição do conselho, portanto, é agir como fator de ligação entre proprietários e administradores, dirigindo e controlando a empresa em nome dos proprietários. Em outras palavras, a razão pela qual os proprietários outorgam essa autoridade é possibilitar que o conselho atue como um microcosmo dos proprietários.

A Natureza da Autoridade do Conselho

Um exame da natureza da autoridade do conselho deve começar, portanto, com a posição do conselho na cadeia da autoridade empresarial legítima. Uma cadeia apropriada de responsabilidade garante a *legitimidade*, que é essencial para a governança corporativa. O lugar que o conselho ocupa nessa cadeia tem implicações de longo alcance sobre a esquemática e as obrigações da governança.

Autoridade Máxima. Em toda companhia, o conselho está no topo da cadeia de responsabilidade e, portanto, no ápice da cadeia de comando. A expressão *cadeia de comando*, com suas conotações hierárquicas, não foi escolhida por acaso. É utilizada para descrever um escalão de autoridade, e não um estilo de administração desejável. É utilizada para indicar o fato de que a autoridade é o poder de comandar (de dirigir e controlar) e se transmite seqüencialmente, desde a fonte da autoridade até suas formas mais distantes de expressão.

A cadeia de responsabilidade se enfraquece quando o conselho deixa de reconhecer que tem a *obrigação*, e não apenas a autoridade, de comandar. Como representante dos proprietários, o conselho não tem o direito de *não* exercer as prerrogativas legítimas desses proprietários. O conselho não tem alternativa responsável exceto a de exercer autoridade em seu papel; quando não o faz, os proprietários deixam de ter voz.

Autoridade Inicial. O conselho não pode abdicar de suas prerrogativas. Isso quer dizer que o conselho não pode permitir que essas prerrogativas sejam definidas ou assumidas pelo CEO, por algum empregado da empresa ou por algum subcomponente do conselho, inclusive o presidente. Essas conclusões são inevitáveis — toda autoridade que se exerce na empresa parte do conselho, ainda que apenas por omissão. Enquanto autoridade suprema (depois dos proprietários), o conselho deve ter pleno controle de sua própria função antes de pretender controlar qualquer outra coisa. Isso exige que o conselho, como grupo, seja responsável por suas ações, por suas omissões, por seus programas, pelas delegações que faz e pelos valores corporativos que impõe.

A administração não trabalha diretamente para os proprietários; somente o conselho o faz. Portanto, o conselho faz exigências de desempenho administrativo a partir de uma posição independente. Isso quer dizer que o conselho é autoritativo, e não consultivo. Quer dizer também que o conselho tem uma função específica e definível, e não é apenas um supervisor da função dos outros. Como o conselho é a única fonte interna de autoridade na empresa, nenhuma pessoa ou grupo de pessoas (exceto os proprietários) pode ter qualquer autoridade se não for outorgada pelo conselho. Uma governança adequada, portanto, deve ser proativa na distribuição da autoridade, estabelecendo expectativas quanto ao uso adequado dessa autoridade e, em seguida, exigindo desempenho. Desse modo, o conselho é transformado, da autoridade *final* e muitas vezes reativa de hoje, na autoridade máxima e *inicial*.

Autoridade Responsável. Como o conselho é a autoridade geral dentro da empresa, ele é responsável, perante os proprietários, por seu próprio desempenho e pelo desempenho da empresa. E, como ninguém possui autoridade sem que lhe seja outorgada pelo conselho, este tem controle sobre a qualidade com que a autoridade é exercida. Conseqüentemente, o conselho não pode pôr a culpa pelo desempenho fraco do conselho em seu presidente, no CEO ou em algum de seus comitês. Um desempenho fraco do presidente indica um conselho fraco. E, é claro, um desempenho fraco da empresa indica um conselho fraco. Responsabilidade é um conceito duro, não há dúvida. Mas é um elemento inevitável a qualquer sistema legítimo de autoridade.

Autoridade de Grupo. O conselho possui autoridade somente como grupo. Individualmente, os conselheiros, inclusive o presidente, não têm autoridade a não ser quando lhes for especificamente outorgada pelo grupo. Nos capítulos seguintes vamos examinar como um grupo pode cumprir seu papel de *causa primeira*. Por ora, queremos simplesmente sublinhar o princípio segundo o qual a autoridade do conselho é uma autoridade de grupo.

Autoridade para Conferir Poder. Um dos desafios centrais para os conselhos é como *comandar* de maneira que a administração seja ao mesmo tempo otimamente fortalecida e desafiada. Uma boa governança deve incluir uma concepção obrigatória de delegação — que seja rigorosa na proteção da responsabilidade do próprio conselho e, ao mesmo tempo, liberte e dê poder aos outros tanto quanto seja possível fazê-lo de modo responsável. Quando o conselho não cumpre seu papel a contento, os proprietários saem prejudicados, na medida em que seu único representante legítimo e autoritativo tem voz fraca. Quando o conselho comete excessos no cumprimento de seu papel, os proprietários saem prejudicados, na medida em que seu único representante legítimo e autoritativo não sabe como obter o máximo da administração.

O Valor que os Conselhos Devem Gerar

A conclusão lógica desse exame dos princípios universais da governança (resumidos no Quadro 1.1) é simplesmente esta: um conselho é

Quadro 1.1. Princípios Universais da Governança Responsável.

- O conselho governa em nome de todos os proprietários.
- Depois dos proprietários, o conselho é a autoridade máxima dentro da empresa.
- O conselho é a autoridade inicial da empresa.
- O conselho é responsável por tudo o que se refere à empresa.
- Toda a autoridade e toda a responsabilidade são investidas no conselho enquanto grupo.
- As funções de governança e as funções executivas têm finalidades diferentes.
- A delegação deve ser maximizada para não pôr em risco o cumprimento, por parte do conselho, de sua responsabilidade.
- O julgamento do desempenho do conselho exige uma avaliação tanto da governança quanto da administração.

um órgão, responsável perante os proprietários como um todo, que funciona como a autoridade máxima e inicial numa empresa, e portanto o valor que ele gera consiste em *transformar os desejos dos proprietários em desempenho da empresa.*

Progredindo com Base no que já Foi Feito

Neste capítulo, propusemos, a partir de um exame das razões fundamentais para a existência dos conselhos, uma definição do valor que os conselhos devem gerar: *transformar os desejos dos proprietários em desempenho da empresa.* Isso soa como uma exigência muito rigorosa, se não impossível, para um pequeno grupo de pessoas com dedicação parcial. Mesmo assim, essa é a responsabilidade que cabe exclusivamente aos conselhos e que justifica a sua existência acima de todas as outras razões. Como os conselhos podem cumprir essa responsabilidade é uma questão de planejamento — desafio ao qual dedicaremos o restante deste livro.

Notas

1. D. S. R. Leighton e D. H. Thain, *Making Boards Work: What Directors Must Do to Make Canadian Boards Effective* (Whitby, Ont.: McGraw-Hill Ryerson, 1997), p. 26.

2. J. A. Conger, E. E. Lawler III e D. L. Finegold, *Corporate Boards: New Strategies for Adding Value at the Top* (São Francisco: Jossey-Bass, 2001); D. L. Finegold, E. E. Lawler III e J. A. Conger, "To Whom Are Boards Accountable?", *The Corporate Board*, 2001, 22(129), 17-22.

3. O processo e a conveniência de se atrair investidores diferentes é tratado de maneira extensiva por C. K. Brancato, *Institutional Investors and Corporate Governance: Best Practices for Increasing Corporate Value* (Chicago: Irwin, 1997).

Capítulo 2

Esquematização das Funções do Conselho

No atual momento da história, os mecanismos existentes
de governança corporativa já não são mais adequados.
A escala, a complexidade, a importância e os riscos da
atividade empresarial superaram nossas instituições.

— *Ada Demb e F.-Friedrich Neubauer*[1]

Neste Capítulo

- Por que as políticas são o instrumento mais importante do conselho
- Como é governar por meio de políticas
- Como os níveis de políticas permitem delegação de autoridade real
- Por que os fins e os meios requerem métodos diferentes de controle

No capítulo anterior, identificamos a fonte e a natureza da autoridade do conselho — a base fundamental para um novo esquema de governança. Neste capítulo, vamos explicar como a estrutura fornecida pelo modelo de Políticas de Governança permite que os conselhos cumpram a tarefa de transformar os desejos dos proprietários em desempenho da empresa. Nossa tese é a de que os conselhos que adotam essa estrutura estarão muito melhor equipados para proporcionar uma liderança responsável e eficiente do que os conselhos que adotam práticas convencionais.

Um Plano para uma Melhor Governança

Ao apresentar um modelo universal de governança empresarial, nós admitimos que as tradições, os históricos, as composições e as estruturas das empresas variam e devem variar consideravelmente. Mas afirmamos categoricamente que existem verdades fundamentais comuns a todos os órgãos que, em nome de um grupo maior, exercem autoridade nas organizações.

Antes de descrever detalhadamente a estrutura das Políticas de Governança, esta seção realça diversos traços essenciais que tornam esse modelo singularmente apropriado à função de governança. O modelo de Políticas de Governança é um sistema completo que:

Deriva da finalidade e da natureza da autoridade do conselho. O modelo é aplicável a todos os conselhos porque o seu ponto de partida é a finalidade e a natureza genéricas da autoridade do conselho, e não as estruturas e os processos correntes na prática geral ou próprios a uma atividade específica. Partir de bases fundamentais proporciona princípios de governança que, na maioria dos casos de que temos experiência, fazem sentido imediato para conselheiros, executivos e outros. A resultante percepção comum quanto à finalidade e natureza do conselho gera uma base para a esquematização da governança de modo que o conselho seja capaz de lidar com questões práticas e específicas a partir de uma perspectiva coerente e eficaz.

É feito sob medida para a função de governança. A natureza da governança e suas exigências em termos de processos, estruturas e qualificações não são iguais às da administração. O modelo se inspirou na função de administração, e é compatível com ela, mas foi deliberadamente criado para o trabalho de governança.

Abrange a totalidade da função. A governança deve ser esquematizada de modo a englobar a responsabilidade do conselho em relação a cada aspecto da empresa. No entanto, deve ser esquematizada também de modo que o poder do conselho não ultrapasse seu alcance. O modelo permite ao conselho englobar a empresa inteira sem se emaranhar nela. O modelo não diz aos conselheiros o conteúdo de suas decisões, mas proporciona uma estrutura dentro da qual eles possam tomar decisões eficazes em relação a tudo o que estiver dentro dos limites de sua autoridade e abaixo dela.

Deixa claro quem faz o quê. Qualquer falta de clareza quanto aos respectivos papéis dos três elementos mais importantes na vida da empresa — proprietários, conselheiros e diretores — compromete a efetividade. O modelo define todos os diversos papéis de modo que eles sejam coerentes com um grupo comum de princípios de governança, em vez de permitir que a definição de papéis seja ditada pelas necessidades imediatas ou pelas individualidades de cada momento.

Proporciona resultados previsíveis com um mínimo possível de elementos. Como o trabalho do conselho exige conselheiros atarefados que exerçam um controle seguro sobre tudo, um modelo de governança deve tornar essa tarefa tão simples quanto possível. O modelo de Políticas de Governança identifica um conjunto abrangente de *instrumentos* com os quais o conselho pode passar por cima da complexidade empresarial — adotando um método de precisão para enfrentar o desafio imediato, em vez de simplesmente acrescentar mais coisas para os conselheiros fazerem.

Reinventando as Políticas

As Políticas de Governança trabalham por meio de políticas. Nada de novo aqui. No entanto, não estamos simplesmente falando de políticas quaisquer. Quando dizemos *política*, estamos querendo dizer algo bem diferente dos gêneros habituais de políticas e procedimentos que encontramos na maioria das empresas. A política que permite uma governança empresarial de precisão obedece a determinados princípios, tanto no tema quanto na composição ou arquitetura. Não é aquele tipo de política que fica na prateleira durante ou entre as reuniões do conselho, ou que é produzida para se demonstrar boa forma. Não é aquela tradicional declaração de intenções e esperanças, que se esquece pouco depois de redigida. Estamos nos referindo a uma política especificamente criada, estruturada e executada para a função do conselho e que *engloba* ativamente cada movimento da empresa. Daqui em diante, sempre que utilizarmos a palavra *política*, estaremos nos referindo somente ao tipo de política definida no modelo de Políticas de Governança, e não à política tal como tradicionalmente é descrita ou utilizada.

A Importância das Políticas Escritas

O conselho deve ser capaz de comunicar suas decisões, em nome dos proprietários, à administração e de responsabilizar-se por essas decisões perante os proprietários. As políticas escritas são um instrumento de comunicação das decisões do conselho para todos, de maneira consistente e duradoura. A menos que o conselho chegue a um acordo quanto a uma declaração escrita, e portanto explícita, de sua vontade, somente aqueles que estavam presentes na sala do conselho quando essa vontade foi declarada *e* que possuírem uma memória de longo alcance e absolutamente precisa saberão o que o conselho disse. Ninguém mais terá esse conhecimento.

As decisões, incluindo as definições de papéis e relacionamentos (pois os papéis e relacionamentos são também resultados de decisões), dos atores da governança corporativa devem se refletir claramente nos documentos apropriados. Devem estar disponíveis para todas as partes relevantes, sob uma forma sucinta, de fácil acesso e centralizada. Como vamos exemplificar em breve, isso não quer dizer documentos extensos. Não queremos dizer que a companhia deve se prender a procedimentos ou prescrições detalhadas. O conselho deve ser rigoroso não no controle de tudo o que ele pode controlar, mas somente do que ele deve controlar.

O Duplo Problema da Redação Convencional de Políticas

Porém, mesmo que a palavra escrita seja muito mais precisa do que a palavra oral memorizada, restam dois problemas significativos. Primeiro, existe o problema do significado. Pode estar claro o que o conselho disse, mas pode não estar tão claro o que o conselho *quis dizer*. As palavras estão sempre abertas à interpretação, de modo que qualquer relacionamento que se baseie em palavras precisa enfrentar a imprecisão da comunicação.

Segundo, o conselho tem o problema de selecionar o que incluir e o que não incluir nas políticas. Nas empresas, como na vida, os valores e as perspectivas das pessoas controlam tudo, mesmo que não apareçam no manual da empresa. Portanto, segue-se que, se o conselho for capaz de identificar todos os seus valores e perspectivas sobre tudo o que é relevante para a empresa e declará-los sob forma de políticas, ele poderá controlar toda a empresa. O problema, é claro, é que o número absoluto de políticas necessárias seria impossível até de imaginar.

Reconhecendo as Decisões dentro das Decisões

As Políticas de Governança utilizam um conceito simples para resolver o duplo problema do sentido e da seleção infinita de políticas. Esse conceito permite ao conselho deixar clara sua intenção de um modo que abrange todas as ações e aspectos da vida da empresa possíveis. Dá ao conselho a capacidade de controlar incontáveis decisões isoladas por meio de um pequeno número de políticas expressas com cuidado.

O conceito parte do reconhecimento de que nem todas as decisões têm o mesmo alcance — as decisões têm uma extensão. Esse fato pode ser usado para se circunscrever o sentido a uma área maior ou menor e, conseqüentemente, para se controlar o volume de tomada de decisões que se delega. Em termos mais simples, os conselheiros podem se abster dos detalhes se tomarem as decisões maiores e confiar a terceiros as decisões menores contidas dentro das maiores. Com o conceito de *decisões-dentro-das-decisões*, o conselho pode controlar o que for, tomando suas decisões numa seqüência em cascata de *amplitudes* ou *níveis* descendentes e detendo-se no nível em que deseje permitir que seu delegado adote *qualquer interpretação razoável* de suas palavras. Com isso, a função do conselho se distingue da função da diretoria não pelo tópico (estratégias, recursos humanos ou riscos, por exemplo), mas pelos *níveis dentro dos tópicos*.

Delegado significa qualquer uma das pessoas a quem o conselho delegue. Embora o CEO, em geral, seja o principal delegado em volume absoluto de delegação, os mesmos princípios se aplicam quando o conselho delega para o seu presidente ou os seus comitês. Nesse estágio de nossa discussão, nós vamos considerar todos simplesmente delegados.

Um artifício útil para se compreender mais integralmente o conceito de *decisões-dentro-das-decisões* das Políticas de Governança é imaginá-lo como um jogo de tigelas (Figura 2.1). As tigelas estão simplesmente empilhadas umas dentro das outras, da maior para a menor. A tigela maior contém todas as menores, e cada uma das tigelas, com exceção da maior, está contida dentro de uma outra, ligeiramente maior. Concebidas como decisões, as tigelas maiores representam as decisões mais gerais, e as tigelas menores, o alcance mais estreito das decisões que podem ser tomadas a partir de *interpretações razoáveis* das decisões simbolizadas pelas tigelas maiores.

Para ilustrar esse conceito na prática, imaginemos uma política do conselho que diga que a administração deve evitar um "ambiente de trabalho hostil". Mas o que exatamente se quer dizer com *hostil*, ou, a propósito, com *ambiente de trabalho*? Por um lado, o *conselho* pode definir

Figura 2.1. As Decisões como um Jogo de Tigelas.

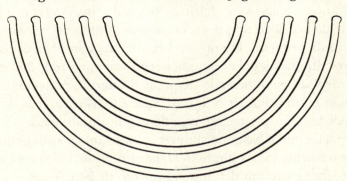

As tigelas menores cabem dentro das maiores, assim como os assuntos menores cabem dentro dos maiores. Como num conjunto de tigelas de verdade, o conjunto inteiro pode ser controlado apenas pelo controle direto da tigela exterior, que é a mais abrangente.

melhor esses termos. Nesse caso, é fácil conceber as descrições mais detalhadas como uma tigela menor dentro da maior, que é a do "ambiente de trabalho hostil". Por outro lado, o conselho pode optar por não entrar no nível dos detalhes. Nesse caso, a *administração* deverá definir melhor o "ambiente de trabalho hostil", porque, para se *alcançar* uma interpretação razoável do que o conselho disse no nível mais geral, é necessário *fazer* essa interpretação. Isso é válido não importa se o sistema de governança o admite explicitamente ou não. Nas Políticas de Governança, esse fenômeno não é apenas explicitamente admitido como também aproveitado para fortalecer tanto o conselho quanto a diretoria.

Determinando o Tamanho das Decisões

Como as decisões podem ser de qualquer tamanho, o conselho deve distinguir um tamanho do outro. É vital que o conselho sempre comece com o nível de decisão mais geral. O único modo infalível de assegurar que o conselho não deixe de fora nada de importante e não diga nada além do que precisa dizer é tomar *cada* decisão, primeiro, no nível mais geral e abrangente, antes de passar para o nível seguinte, mais estrito. Ou seja, se a tomada de decisões do conselho começar com alguma tigela que não a maior de todas, o conselho não será capaz de assegurar que a empresa realmente está sob seu controle, pois um subordinado poderá estar tomando decisões mais amplas que as do conselho. E o único modo de o conselho escolher o nível de decisão que não vai se preocupar em controlar diretamente é tomar, primeiro, as decisões mais abrangentes, que controlam todo o alcance das possíveis decisões menores.

Entrar ou não no mercado de peças e acessórios é um tipo de decisão. Entrar no mercado subsidiário de peças do tipo A *versus* o mercado subsidiário de peças do tipo B, ou em ambos, é uma decisão menor, que cabe dentro da primeira. E é possível facilmente conceber decisões ainda menores, limitadas pela segunda decisão de mercado. Por exemplo, tomada a decisão pelo mercado de peças do tipo B, podemos enfrentar uma decisão entre produzir o tipo B1, que é mais caro, mas dura mais, ou a variedade B2, não tão cara, mas de menor durabilidade.

Esse raciocínio é bastante simples, mas se aplica a somente uma linha de pensamento. Seria impossível, por exemplo, encaixar uma decisão de escolher entre um determinado plano de benefícios e um determinado plano de previdência no mesmo jogo de tigelas que contém a decisão entre as peças A e B. Em outras palavras, a analogia das tigelas funciona apenas com uma única linha de ramificação de decisões, e não com decisões heterogêneas. Não obstante, a vida empresarial inclui claramente um grande número de decisões, de diversos tipos e tamanhos.

Voltaremos a discutir a tipologia (não mais a extensão) das decisões em breve. Mas, antes, vamos explorar um pouco mais o conceito do jogo de tigelas, por sua relação com o fato de que o conselho é totalmente responsável e, ao mesmo tempo, delega grande parte da responsabilidade para a administração operacional.

Permitindo a Interpretação Razoável

Como demonstramos anteriormente, conceber as palavras do conselho como significando uma variedade de interpretações estabelece uma estrutura básica de delegação de um nível de autoridade para o próximo, logo abaixo — uma estrutura que pode ser imaginada como um jogo de tigelas. Quando um superior toma uma "decisão de tigela grande", o subordinado pode ter o direito de tomar "decisões de tigelas menores" desde que preserve o arranjo, ou seja, desde que o subordinado tome decisões que se possa razoavelmente afirmar que estão contidas nas decisões maiores. O fato de que existe uma área de interpretações razoáveis significa que se outorgou ao subordinado uma autoridade real, o direito de tomar decisões reais, mas sempre dentro dessa área. A extensão da área é determinada pelo nível de descrição em que o superior tenha resolvido se deter e determina a extensão da autoridade delegada.

Pode-se alegar que existe uma alternativa prática a delegar autoridade à administração para que faça qualquer interpretação razoável. A administração poderia formular suas interpretações e, em seguida, apresentá-las ao conselho para sanção. Com esse método, o conselho não precisaria delegar à administração a autoridade de interpretar as palavras do conselho. Lembre-se, no entanto, de que existem várias interpretações circulando pela empresa, o tempo todo, e que, além disso, essas interpretações são refeitas continuamente, em função das mudanças nas circunstâncias. Conseqüentemente, essa alternativa de buscar continuamente a aprovação do conselho atrapalha a administração, que precisa lutar com a tarefa constante de tomar um número incontável de decisões com agilidade. Além disso, ela sobrecarrega o conselho com decisões administrativas de um nível em que seria melhor o conselho não se envolver. O modelo de Políticas de Governança exige que o conselho selecione as palavras com cuidado e, em seguida, outorgue à diretoria o direito de interpretá-las, exigindo que as decisões menores da administração sempre caibam dentro das decisões do conselho.

Quando uma pessoa pede uma omelete simples num restaurante, ela está dando a entender que o cozinheiro pode adotar qualquer interpretação razoável do pedido. Ela está especificando que a omelete deve vir sem recheios, mas não a quantidade de sal, água ou leite que se deve usar. Ela está deixando a cargo do cozinheiro a interpretação razoável das palavras *omelete simples*. Quando uma pessoa compra uma passagem numa estação de trem, ela especifica o destino, a modalidade e o horário do transporte — mas deixa a seleção dos combustíveis e dos condutores a cargo de terceiros. Embora o conceito de *razoabilidade* possa parecer, em si, contaminado pela imprecisão, ele é um padrão utilizado com bastante sucesso no direito e com regularidade na vida cotidiana.

O conselho precisa aceitar que o que ele *quer dizer* não terá efeito algum a não ser que ele realmente o diga — ou seja, a não ser que ele avance até a tigela menor seguinte e, com isso, selecione uma das interpretações entre as permitidas pelo nível mais geral. No entanto, sempre haverá também uma tigela ainda menor dentro dela, e, dentro dela, uma outra, e assim por diante. A seqüência da tigela maior até a menor pode não ser infinita, mas há certamente um longo caminho até se chegar às tigelas que tratam das decisões mais triviais possíveis. O conselho complicaria pesadamente sua própria tarefa se fosse tomar todas as decisões menores seguintes. Portanto, o conselho vai enfrentar uma situação impossível, a menos que autorize, em algum ponto, que alguém além dele mesmo interprete suas palavras (Figura 2.2).

Voltando ao nosso exemplo da pessoa jantando no restaurante, se a omelete simples for feita com excesso de sal, ela não vai poder alegar que

Figura 2.2. Autoridade Retida e Delegada.

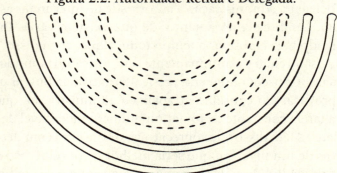

O controle direto das tigelas exteriores, num arranjo, permite um controle indireto das tigelas interiores. O conselho pode optar por ter um controle direto (imediato) dos assuntos maiores (as tigelas em linha cheia), mas um controle indireto (mediato) dos assuntos menores (as tigelas em linha pontilhada).

o cozinheiro ignorou suas instruções quanto ao sal, porque ela não deu essas instruções. Ela certamente terá o direito, porém, de devolver o prato sob o argumento de que o cozinheiro adotou uma interpretação não razoável das palavras *omelete simples*. Apesar disso, mesmo depois dessa experiência, é pouco provável que ela vá abandonar a regra da interpretação razoável — pois, se ela decidir jamais comer num restaurante a menos que o cozinheiro aceite ser diretamente supervisionado por ela, é provável que ela não saia para jantar com muita freqüência.

De modo análogo, o conselho deve aceitar o fato de que não pode supervisionar diretamente cada passo de seu delegado, e também não pode culpar o delegado por sua interpretação a não ser que a maioria dos membros do conselho considere a interpretação não-razoável. Em nossa experiência com os conselhos que adotam o modelo de Políticas de Governança, as disputas entre o conselho e seus delegados sobre se uma interpretação era ou não razoável são extremamente raras.

Elaborando Políticas Precisas e Concisas

As Políticas de Governança exige que o conselho se discipline para usar as palavras com cuidado, de modo a comunicar o sentido com a amplitude adequada, deixando a cargo dos outros, com isso, a exata extensão de tomada de decisões que o conselho pretende. Ao adotar esse método, o conselho cria um compêndio de decisões gerais, formatadas como políticas, dentro do qual ele julga poder deixar a cargo dos outros, com segurança e explicitamente, as decisões menores. Em troca do trabalho de ser preciso na seleção das palavras e de fazer eventuais emendas às suas decisões, o conselho obtém a vantagem de um grande volume de delegação segura.

Por conter uns poucos assuntos maiores e não incontáveis assuntos menores, o documento principal das políticas do conselho é surpreendentemente breve. O vaivém entre escassez e excesso de controle é evitado. Por um lado, o conselho não se limita a assinar papéis, pois a cadeia de decisões vai do conselho à diretoria, e não o contrário. Por outro lado, o conselho não se dedica à microadministração, pois não é necessário concentrar-se em detalhes para se adquirir controle. (O Quadro 2.1 resume as características proporcionadas pelo planejamento de políticas do modelo de Políticas de Governança.)

Liderando da Linha de Frente

Uma das vantagens essenciais desse método de delegar autoridade é que ele permite que o conselho, adotando um processo racional de exa-

42 CONSELHOS DE ADMINISTRAÇÃO QUE GERAM VALOR

Quadro 2.1. Características do Sistema de Políticas do modelo de Políticas de Governança.

1. **As políticas controlam tudo** — abrangendo toda a governança e toda a administração.
2. **As políticas são escritas** — juntas, elas formam o documento supremo do conselho, depois dos documentos societários e estatutos.
3. **As políticas têm extensões diferentes** — controlando o nível mais geral de decisões e as decisões menores que o conselho preferir.
4. **As políticas são criadas em ordem decrescente de extensão** — partindo do nível mais geral e indo ao mais específico, detendo-se no ponto em que qualquer interpretação razoável das palavras possa ser aceita.
5. **As políticas são precisas e concisas** — expressando o sentido que o conselho quer atribuir, de maneira clara, sucinta e sem repetições.
6. **As políticas são reunidas em categorias adaptadas à governança** — separando os fins dos meios da administração e dos meios do conselho.
7. **As políticas são de uso regular** — formando um documento de fácil acesso e consultado com freqüência, relevante para a governança e para a administração e atualizado quando necessário.
8. **As políticas são elaboradas pelo conselho** — e não pela administração para que o conselho as aprove.
9. **As políticas são atuais** — refletindo a acumulação dos valores do conselho em vigor a cada momento, e não um registro em ordem cronológica como as minutas.
10. **As políticas estão disponíveis sob forma centralizada** — e não espalhadas por vários lugares e tipos de documentos.

me e discussão, defina previamente o que quer. Embora certamente se possam fazer ajustes reativos quando necessário, o dia-a-dia do conselho não gira em torno de reações às circunstâncias correntes ou às agendas de subordinados. A independência de julgamento e a proatividade na liderança que isso implica é crucial para o aperfeiçoamento da governança.

A necessidade de proatividade do conselho surge porque o conselho é a autoridade inicial e deve constituir um elo ativo da cadeia de comando. O conselho que deixa de estar na linha de frente cria uma dúvida quanto à governança responsável e a seu dever de representante dos proprietários. É impossível, para um conselho, delegar uma autoridade que não sabe possuir — ou, como é mais comum, que jamais admitiu como sua, para começo de conversa.

A responsabilidade do conselho não consiste em esperar que a diretoria faça, diga ou proponha alguma coisa. Na verdade, sustentamos que nenhum elemento da função do conselho é determinado pela diretoria.

Isso não quer dizer que não exista interação, pois existe, e muita. Também não quer dizer que o conselho não possa aprender com a diretoria, ou mesmo ser inspirado por ela. Quer dizer apenas que, na ordem própria das coisas, a função da diretoria é que é determinada pelo conselho, e não a do conselho pela diretoria.

Aproveitando a Durabilidade dos Valores

Como as políticas das Políticas de Governança se originam quando o conselho dá um passo para trás e se pergunta quais são os valores gerais da empresa, elas tendem a não ser daquele tipo de política que se desatualiza rapidamente. Por razões análogas, o tipo de julgamento envolvido nessa criação de políticas não requer, normalmente, um conhecimento profundo do assunto em discussão, mas aquele tipo de conhecimento e experiência gerais que tornam uma pessoa atenta capaz de ponderar uma grande variedade de questões e chegar a uma conclusão sábia.

Separando os Fins dos Meios

Voltamos, agora, à questão de como o conselho pode manter assuntos de tipos diferentes em jogos de tigelas separados. Esse é um outro ponto crucial do planejamento, o qual permite que um conselho seja eficaz em sua função, ao mesmo tempo em que outorga o máximo de autoridade possível para outras funções. Em primeiro lugar, é necessário distinguir os fins corporativos dos meios corporativos.

Quando nos referimos a fins, evitamos as palavras *metas*, *objetivos* e *estratégias*, porque essas palavras freqüentemente são usadas para designar tanto fins quanto meios. Utilizamos *fins* para descrever *para que* é a empresa, e não para o que ela *faz*.[2] A palavra *fins* distingue entre propósito e método, resultados e processo, "para onde se vai" e "como se faz para chegar lá". Uma empresa pode operar, por exemplo, para que os acionistas tenham um retorno de longo prazo acima da média do mercado. Ela certamente não opera para ter uma determinada fábrica, um sistema de distribuição ou mesmo um produto — essas coisas são meios.

Definimos os *meios* da empresa como todas as decisões ou realidades que não sejam fins — uma definição por exclusão. Os meios incluem as atividades, as práticas, os métodos, a tecnologia, os procedimentos, os sistemas e uma infinidade de áreas de decisão operacional, assim como as decisões relativas à governança. O que importa notar aqui é que todo assunto da empresa pode ser definido como um assunto de fins ou como um assunto de meios. Por ora, não vamos discutir quem toma cada tipo de decisão. Um assunto é de fins ou de meios como resultado de sua natureza, e não de quem toma a decisão quanto a ele.

Controle Diferencial dos Fins e dos Meios

A razão pela qual é importante distinguir com clareza entre fins e meios é que, no modelo Políticas de Governança, o conselho, ao delegar decisões sobre fins e meios à administração, deve controlar essas decisões diferentemente. Os fins são mais bem controlados de maneira afirmativa e prescritiva, enquanto os meios de lutar pela consecução dos fins são mais bem controlados de maneira limitativa e proscritiva. Para codificar e controlar seus próprios meios — os meios de governança —, o conselho pode se expressar nos termos que julgar adequados, mas normalmente o fará de modo positivo e prescritivo.

Para controlar os fins — para que é a empresa — de modo afirmativo e prescritivo, o conselho comunica a seus delegados suas expectativas de desempenho em termos de retorno, preço das ações em relação ao mercado ou quaisquer outros itens que, na visão do conselho, sejam padrões adequados de sucesso empresarial *do ponto de vista dos proprietários*. Para controlar os meios da administração — o que a empresa faz —, porém, o conselho não diz à diretoria o que fazer, mas o que *não* fazer. Ou seja, controlar as decisões de meios da administração é algo que se faz por fixação de limites, excluindo as opções de meios que o conselho considerar inaceitáveis. Explicaremos como isso funciona no Capítulo 5.

Categorias de Políticas Baseadas em Fins e Meios

Para abranger todos os aspectos de uma empresa, os conselhos devem fazer políticas segundo quatro categorias. As duas primeiras são categorias de meios, tratando da função do próprio conselho. As outras duas fornecem instruções à administração quanto aos fins desejados e aos meios inaceitáveis.

Primeiro, o conselho precisa de políticas para controlar sua própria conduta — seus processos e práticas de governança. Denominamos essa categoria **Processo de Governança**. Segundo, o conselho precisa determinar o modo como ele vai delegar sua autoridade à diretoria e permanecer responsável pelo uso dessa autoridade. Denominamos essa categoria **Delegação Conselho-Diretoria**. Terceiro, o conselho deve estabelecer os fins — alguma forma de valor para os proprietários — que justifiquem a existência da empresa e definir qual é o valor fundamental que ela acrescenta ao mundo. Denominamos essa categoria **Fins**. Quarto, o conselho expressa as limitações ou restrições que definem os limites de aceitabilidade das decisões de meios tomadas pela administração. Denominamos essa categoria **Limitações Administrativas**.

O Quadro 2.2 mostra as categorias de políticas adotadas no modelo Políticas de Governança de modo a englobar toda e qualquer questão enfrentada por uma companhia. Cada uma das categorias será examinada mais detalhadamente em capítulos posteriores, incluindo o raciocínio por trás da linguagem negativa das Limitações Administrativas. Os títulos exatos adotados para essas categorias não têm importância — mas a separação conceitual entre elas, sim. Um determinado conselho, por exemplo, poderá optar por dizer Restrições Executivas em vez de Limitações Administrativas, Valor das Ações (ou seja, um fim específico) em vez de Fins, Função do Conselho em vez de Processo de Governança ou Conexão Governança-Diretoria em vez de Delegação Conselho-Diretoria — ou qualquer outra linguagem que preferir.

Quadro 2.2. Categorias de Políticas do Conselho.

Quando um conselho estabelece políticas que controlem, ainda que num nível muito geral, as quatro categorias a seguir, o conselho controla a organização, porque tudo o que a governança e a administração possam fazer, ser, causar ou permitir está incluído nessas categorias.

- **Processo de Governança**: as políticas prescrevem as operações internas, os métodos de governança, as responsabilidades e a filosofia do conselho.
- **Delegação Conselho-Diretoria**: as políticas prescrevem os métodos do conselho ao delegar e monitorar responsabilidades para execução pela diretoria.
- **Fins**: as políticas prescrevem qual o valor que a empresa deve produzir para seus proprietários, em geral alguma forma de valor das ações.
- **Limitações Administrativas**: as políticas estabelecem limites de ética e prudência aos métodos, atividades, procedimentos e riscos da empresa.

O Círculo das Políticas

O círculo das políticas (Figura 2.3) transporta nossa analogia do jogo de tigelas para um outro nível. O conjunto completo de tigelas agora está dividido em quatro quadrantes, que representam as quatro categorias. Cada quadrante contém todas as decisões possíveis dentro da empresa na respectiva categoria, incluindo tanto as decisões da governança

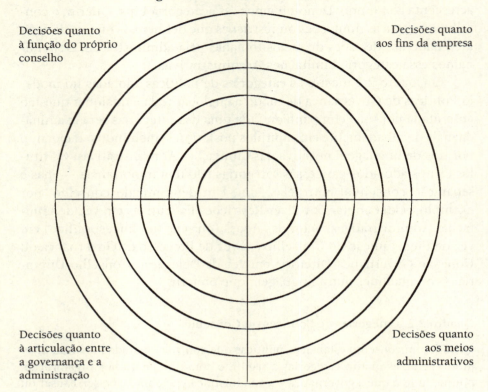

Figura 2.3. O Círculo de Políticas.

As quatro categorias de decisões empresariais são representadas como quatro jogos de tigelas, uma dentro da outra, formando quatro quadrantes de um círculo. Novamente, os assuntos maiores e menores dentro de cada categoria são representados como tigelas maiores e menores.

quanto da administração. Como antes, os círculos concêntricos — as tigelas maiores e menores — ilustram que, em cada quadrante, existem decisões maiores e menores. As decisões quanto à própria governança estão no quadrante superior esquerdo (Processo de Governança). As decisões quanto à articulação entre governança e administração estão no quadrante inferior esquerdo (Delegação Conselho-Diretoria). As decisões quanto aos fins da empresa estão no quadrante superior direito (Fins). E as decisões quanto aos meios administrativos estão no quadrante inferior direito (Limitações Administrativas).

A tarefa de elaboração de políticas do conselho consiste em tomar as decisões maiores de cada quadrante, deixando as menores a cargo dos delegados do conselho. A Figura 2.4 ilustra um ciclo completo de políticas, onde o conselho preencheu as extremidades de cada quadrante,

Figura 2.4. Visualização das Políticas do Conselho.

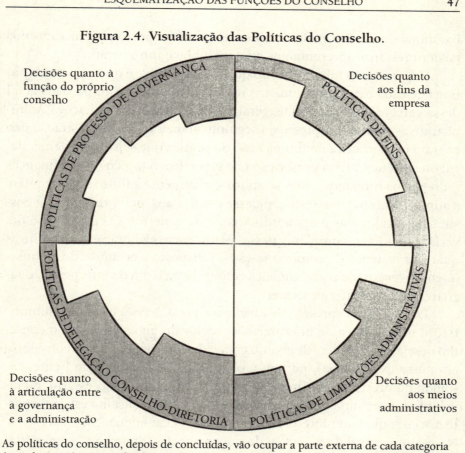

As políticas do conselho, depois de concluídas, vão ocupar a parte externa de cada categoria (a tigela maior) e se aprofundar em alguns detalhes, entrando nos níveis das tigelas menores, nos diversos tópicos dentro de cada categoria. O conteúdo de cada nível e o grau de detalhamento vão depender dos valores do conselho. A categoria de política que contém todos os assuntos relativos aos meios operacionais é tratada pelo conselho de modo restritivo ou negativo; essa categoria, por isso, denomina-se Limitações Administrativas. O espaço em branco, no meio, representa todas as decisões menores que o conselho prefere deixar a cargo de seus delegados.

deixando os domínios internos a cargo do presidente do conselho e do CEO — assunto do qual trataremos bem mais extensamente adiante.

Exemplos de Políticas

Nos capítulos a seguir e no Apêndice E, damos alguns exemplos de políticas que os conselhos podem criar em cada uma das categorias de políticas. Queremos enfatizar que são apenas exemplos. Os conselheiros vão notar, porém, que muitas dessas políticas poderiam facilmente ser adaptadas às necessidades de seu próprio conselho, e é provável que identifiquem outras políticas que seu conselho talvez queira elaborar.

Examinaremos com mais detalhes as políticas possíveis em capítulos posteriores, mas apresentamos aqui uma breve introdução.

O que se conclui, a partir do que já discutimos, é que a primeira política de cada categoria é uma expressão da decisão maior ou mais geral dessa categoria. O nível mais geral, por exemplo, de Limitações Administrativas pode ser expresso da seguinte maneira: "A administração não causará ou permitirá nenhuma ação ou prática que seja imprudente, ilegal ou antiética." Essa proscrição não especifica o tópico (como finanças ou recursos humanos), mas se aplica globalmente a tudo o que se refere à administração. Uma restrição dessa espécie aos meios da empresa possui significado, mas é extraordinariamente genérica. O conselho só deveria considerar completa, nesse ponto, sua elaboração de políticas quanto aos meios da empresa se estiver disposto a aceitar todo o consequente espectro de possibilidades embutido na regra da interpretação razoável descrita anteriormente.

Porém, essa expressão de nível mais geral deixa a cargo da administração um espectro de interpretações maior do que aquele que o conselho desejaria conceder (de acordo com o que decidem todos os conselhos, em nossa experiência); portanto, o conselho deve seguir em frente, entrando no nível inferior (menor) seguinte, e depois, se necessário, no nível inferior seguinte, e assim por diante, até que o conselho esteja disposto a aceitar qualquer interpretação razoável dessa linguagem mais estrita. No segundo nível de definição do quadrante das Limitações Administrativas, aparece naturalmente uma série de tópicos, como o tratamento dos funcionários, o risco financeiro e a proteção dos ativos. Quanto à proteção dos ativos, por exemplo, a proibição do conselho pode ser: "Não permitir que os ativos sejam desnecessariamente expostos a riscos ou conservados de maneira inadequada." Em seguida, mais uma vez, o conselho decide se vai se deter nesse nível ou entrar em mais detalhes.

Onde quer que o conselho se detenha na elaboração das políticas, a administração está autorizada a adotar a regra de qualquer interpretação razoável. Portanto, o conselho deve resolver os assuntos de cada categoria decisória numa sequência disciplinada, do mais amplo ao mais estrito, mas somente até o ponto em que possa aceitar qualquer interpretação razoável de suas palavras. As decisões do conselho tomadas dessa forma contêm logicamente todas as decisões futuras — não importa se o conselho virá ou não a saber de todas essas decisões.

Da mesma forma como os fins são expressos como o valor que uma empresa deve gerar para seus proprietários, o modo mais eficaz de se descrever as funções é em termos do valor que eles devem agregar para a empresa. A alternativa é descrever as funções em termos de suas atividades. A função de um escriturário, por exemplo, pode ser descrita como uma enumeração de todas as etapas necessárias para se arquivar e proteger registros. Mas uma descrição da função desse mesmo escriturário em termos do valor que ele agrega pode ser simplesmente a *total recuperabilidade dos registros*. Perceba como cada uma das funções, em nossos exemplos de políticas — seja essa função do conselho, do presidente, do comitê do conselho ou do CEO —, está expressa dessa forma.

Progredindo com Base no que já Foi Feito

O capítulo apresentou o modelo de Políticas de Governança, criado para ser uma concepção coerente na teoria e aplicável na prática do perfil das funções do conselho. As implicações do modelo quanto ao papel do conselho, de seus representantes e de seus comitês serão tratadas no capítulo seguinte.

Notas

1. A. Demb e F.-F. Neubauer, *The Corporate Board: Confronting the Paradoxes* (Nova York: Oxford University Press, 1992), p. 1.

2. O emprego de "para que" [*for*] e "faz" [*does*], com referência a conceitos semelhantes às definições de *fins* e *meios* das Políticas de Governança, foi introduzido por John Argenti. Fazemos uso freqüente desse prático artifício verbal, e, por isso, reconhecemos nossa dívida para com J. Argenti, *Your Organization: What Is It For?* (Berkshire, England: McGraw-Hill International, 1993).

Capítulo 3

A Criação de uma Liderança Coletiva

O poder do conselho reside na sua sabedoria coletiva,
presente apenas quando o conselho funciona como um
órgão coletivo.

— *Ram Charan*[1]

Neste Capítulo

• Transformando os conselheiros num conselho
• Atribuindo papéis ao presidente e aos comitês
• Diferenciando governança e administração
• Elaborando políticas de Processo de Governança

O propósito do modelo de Políticas de Governança é dar uma maior precisão à tarefa de transformar os desejos dos proprietários em desempenho da empresa. Essa precisão se reflete não apenas no processo de elaboração de políticas como também nos papéis dos diversos agentes. No capítulo anterior, apresentamos as categorias específicas de políticas. Utilizando esses quatro grupos, o conselho pode estruturar suas decisões de modo que a prática e os documentos sejam compatíveis com um esquema de governança coerente. Neste capítulo, nós vamos tratar da categoria política do Processo de Governança. Vamos estabelecer os traços essenciais da forma especial de liderança do conselho, dos papéis dos indivíduos e do grupo e de como essas questões podem ser codificadas em poucas e breves políticas.

O Papel Coletivo do Conselho

A primeira coisa que distingue a função do conselho de qualquer outra função na empresa é que o conselho está entre os proprietários e a ad-

A CRIAÇÃO DE UMA LIDERANÇA COLETIVA

ministração. O segundo traço distintivo é que a autoridade do conselho é uma autoridade *coletiva*. Os conselheiros, individualmente, não possuem outra autoridade além de sua influência no grupo. Não há autoridade, no conselho ou abaixo dele, que não se origine da autoridade do grupo.

Os conselheiros normalmente não estão habituados a operar dessa maneira. Em geral, os conselheiros atingiram seu *status* profissional e na comunidade devido a suas realizações individuais. Possuem um histórico pessoal de tomada de decisões *por si mesmos*, decidindo a partir da sua própria autoridade imediata. Na governança, porém — na *deliberação* que leva ao exercício da autoridade de governança —, os indivíduos são importantes, sem dúvida. Mas, no *exercício* da autoridade (ou seja, na tomada efetiva de uma decisão), é o grupo que importa; os indivíduos não importam em absoluto.

Os valores e perspectivas dos conselheiros, individualmente, são os ingredientes das decisões do grupo. Mesmo quando informados ou persuadidos por terceiros — como administradores, advogados, consultores ou banqueiros —, é a sabedoria coletiva dos conselheiros que determina o voto. Os conselheiros, enquanto indivíduos, têm a responsabilidade de contribuir com o debate de maneira ativa, atenta e responsável, mas não ser superadministradores individuais. É no todo que reside o valor do conselho.

O papel do conselho, portanto, exige que os conselheiros assumam a responsabilidade pessoal de se comportar de tal modo que o grupo, *enquanto grupo*, exercite a autoridade, e que o grupo, *enquanto grupo*, se responsabilize pelo comportamento da empresa como um todo. Embora outras pessoas possam ajudar os conselheiros nessa tarefa, ninguém pode tirar deles essa obrigação. A menos que o conselho possua e domine plenamente o fenômeno da autoridade coletiva, de modo a permanecer inteiramente responsável por qualquer parcela dessa autoridade que posteriormente for delegada a terceiros, a delegação se torna uma abdicação.

A Fala em Uníssono, com Muitas Vozes

Quando se pronunciam em nome dos proprietários da empresa, os conselheiros individuais devem falar com uma só voz — falar em uníssono, com muitas vozes. A palavra *muitas* não se refere apenas à multiplicidade de conselheiros, mas também ao número, freqüentemente grande, de proprietários. O conselho é obrigado a manter a administração isolada dessas múltiplas vozes — seja dos conselheiros, seja dos proprietários individuais — e exigir que a fidelidade da administração esteja voltada para o sumário dessas vozes, sobriamente ponderado pelo conselho.

Assim, apenas o conselho, *ao falar com uma só voz*, é que instrui a administração. A administração não precisa dar atenção a nenhum conselheiro — mas precisa encarar as decisões coletivas do conselho como lei. O que este ou aquele conselheiro tem a dizer sobre um tema qualquer é interessante para os demais conselheiros, mas não precisa sê-lo para a administração. A administração não é confrontada com — ou posteriormente avaliada de acordo com — um rol de desejos individuais dos conselheiros, mas somente com a vontade do grupo. Pode-se dizer que a administração, na verdade, não trabalha para nenhuma *pessoa*.

Distinguindo Recomendações e Instruções

Em geral, os conselheiros possuem, muito além de sua função de governança, uma riqueza de experiência, conhecimento e prática que a administração faria muito mal em ignorar. O princípio da autoridade coletiva não impede que os conselheiros façam recomendações à administração em caráter individual. As recomendações — desde que sejam realmente recomendações — não têm caráter obrigatório e, portanto, não infringem a regra de uma só voz. As recomendações dos conselheiros devem seguir a regra do *consentimento entre adultos*: desde que ambas as partes concordem, não há mal nenhum. No entanto, os diretores só serão capazes de distinguir com certeza uma recomendação de uma instrução se os conselheiros, pronunciando-se como grupo, declararem explicitamente que a administração tem o direito de ignorar o que os conselheiros disserem individualmente. Não deixar isso claro seria impor dificuldades políticas à administração e isentar o conselho da disciplina da boa governança.

Os conselheiros gostam de fazer recomendações, e não estamos tentando subestimar sua contribuição consultiva. O que é preciso salientar, porém, é que fazer recomendações à diretoria não é a razão de existência própria do conselho de administração. A razão pela qual o conselho existe é governar, que é uma função de responsabilidade muito maior do que a de fazer recomendações — e mais difícil também, podemos acrescentar. Recomendar, fazer questionamentos válidos, criticar as iniciativas da administração e outras atividades dos conselheiros exigem muito menos rigor do que a da governança — pelo menos, da governança com as características que estamos descrevendo.

Portanto, fazer recomendações à administração é um empenho discricionário dos conselheiros, e não a essência de sua função. Uma governança de primeira qualidade exige que os conselhos ponham um fim na prática corriqueira de dar mais ênfase às incumbências opcionais e individuais dos conselheiros do que à tarefa obrigatória da governança coletiva.

O Valor da Diversidade e do Diálogo

Atingir o ponto em que a vontade única do grupo possa ser expressa demanda um diálogo rico dentro do conselho, entre seus membros, com suas múltiplas vontades. Para vários assuntos, exigem-se também amplas contribuições de pessoas de fora do conselho. Embora os assessores e consultores do conselho sejam importantes para o diálogo, eles não devem dirigi-lo nem ser responsáveis por ele. Cabe apenas aos conselheiros o desafio de transformar o conhecimento, a dedicação e a disciplina individuais em conhecimento, dedicação e disciplina do grupo. Os conselhos devem estimular, abarcar e por fim solucionar a diversidade, equilibrando a inclusão de valores e perspectivas amplamente diferentes com a necessidade de decidir.

Para alguns conselhos, buscar positivamente a diversidade e lutar com ela pode parecer contraditório com pronunciar-se com uma só voz. Se, por um lado, os conselhos políticos e não-lucrativos terminam muitas vezes num caos, de tanta diversidade, por outro é mais comum que os conselhos empresariais resolvam seus impasses demandando votações unânimes. A melhor governança evita esses dois resultados. Ela considera inestimável a multiplicidade de pontos de vista. Ela julga que a capacidade de se pronunciar com autoridade e poder, apesar da falta de concordância absoluta, é uma das grandes forças de um conselho. Ela reconhece que as votações unânimes têm menos a ver com a solidariedade do conselho e demonstrações de firmeza do que com pretextos políticos.

Os conselhos de administração muitas vezes sentem uma necessidade de mostrar aos proprietários e diretores um grau de unanimidade maior do que o que realmente possuem. E não há dúvida de que votações não unânimes, sobre tópicos altamente delicados e públicos, podem afetar o modo como essas decisões são vistas pelo mercado. Nós insistimos, porém, que os conselhos façam votações reais e incutam, com o tempo, a mensagem de que são sempre unânimes em seu *apoio* à autoridade absoluta da votação final, qualquer que seja a diversidade dos pontos de vista levantados na discussão.

Práticas que Enfraquecem a Autoridade do Conselho

O conselho funciona como um funil, através do qual a sólida legitimidade dos proprietários emana para um pequeno grupo — sem desperdício de poder pelas bordas —, antes de ser cuidadosamente transmitida para os demais. Qualquer sistema ou prática que comprometa a capacidade do conselho de cumprir fielmente esse papel, entre os verdadeiros proprietários e as outras pessoas, constitui um impedimento à governança corporativa. Os problemas de representação, associados ao fato de existirem pessoas atuando em nome de outras, já são suficientemente difíceis de tratar, dada nossa humana inclinação ao interesse próprio. Os problemas derivados da presença de estruturas ou práticas tradicionais incompatíveis com uma autoridade descomplicada do conselho aumentam consideravelmente a dificuldade.

Conselheiros cujas decisões, por exemplo, sejam decididas ou significativamente influenciadas pela administração comprometem a independência do conselho. Programações do conselho estabelecidas pela administração ou reuniões do conselho encenadas pelos administradores fazem com que *a governança seja administrada pela administração*, e não que *a administração seja governada pela governança*. Um poder do presidente ou do comitê executivo superior ao conselho significa que o conselho deixou de assumir sua função autoritativa de *causa primeira*. Combinar os papéis de presidente do conselho e de CEO numa única pessoa torna difícil a distinção clara entre governança e administração. Essas práticas são comuns — e existem muitas outras.

Esclarecendo Outras Funções de Governança

A função do conselho enquanto grupo deve ser o ponto de partida para todas as definições de papéis dentro da empresa. Aqui, no entanto, vamos tratar apenas das funções de governança, especialmente dos papéis dos comitês e do presidente.

A Função dos Comitês do Conselho

Os comitês do conselho são subgrupos do conselho como um todo. Logo, por definição, os comitês representam uma potencial ameaça à integridade do conselho e a sua capacidade de se pronunciar com uma só voz. Quando um comitê do conselho toma uma decisão que deveria competir ao conselho inteiro, o resto do conselho perde seu poder. Quando uma parte do conselho perde seu poder, o conselho, enquanto órgão, perde seu poder. Quando o conselho, enquanto órgão, perde poder, os proprietários representados pelo conselho perdem poder. Conseqüentemente, por mais úteis que possam ser os comitês, é importante utilizá-los de modo que a integridade do conselho não seja ameaçada ou entre em pane.

Os comitês podem ter um papel útil na governança, desde que não substituam a autoridade de tomar decisões do conselho pleno e jamais se interponham entre o conselho e a administração. Os dois usos adequados dos comitês do conselho são, primeiro, pesquisar opções de decisão para o conselho pleno e, segundo, executar alguma tarefa de governança delegada, como a de monitorar o desempenho ou providenciar a monitoração do desempenho. É importante que o comitê jamais receba, evidentemente, uma autoridade que se sobreponha à autoridade outorgada à administração. É importante também que jamais se outorgue ao comitê o direito de julgar o desempenho da administração conforme seus próprios critérios, em vez dos critérios do conselho. Utilizar os comitês pode economizar tempo para o conselho pleno; os conselhos, porém, devem tomar cuidado para que essa utilização não fragmente a governança em feudos de comitês, ou induza os conselheiros que não fazem parte de determinado comitê a pensar que estão dispensados de sua responsabilidade como um todo.

O Quadro 3.1 apresenta um conjunto de princípios para os comitês dos conselhos. A observação desses princípios manterá os comitês em har-

Quadro 3.1. Princípios Relativos aos Comitês e Representantes dos Conselhos.

- Funcionam como parte do conselho e estão sob o controle do conselho, e não da administração
- Não podem ter nenhuma autoridade que não venha do conselho
- Não podem ter nenhuma autoridade ou responsabilidade que tenha sido delegada também à administração
- Não podem isentar o conselho pleno de sua responsabilidade final por tudo
- Não podem ter autoridade para dar ordens à administração
- Têm sempre a finalidade de auxiliar o conselho em alguma parcela do trabalho de governança
- Jamais têm a finalidade de auxiliar ou aconselhar a administração
- São encarregados de produzir produtos (valores agregados), e não de se dedicar a atividades
- Têm autoridade para empregar recursos financeiros ou pessoal de apoio somente quando outorgada pelo conselho

monia com os princípios gerais de governança que já discutimos (ver Quadro 1.1). Nas seções seguintes, discutiremos alguns dos comitês de conselhos de uso mais freqüente à luz desses princípios relativos aos comitês.

Comitês Executivos. Os comitês executivos muitas vezes são criados para tomar decisões na ausência do conselho. No entanto, qualquer sistema que crie um conselho *real* dentro do conselho pleno não é bom para a responsabilidade geral do conselho. Mesmo que se peça ao conselho pleno para sancionar posteriormente as decisões do comitê, é mais provável que, no momento em que a aprovação for solicitada, a questão será mais de forma do que de conteúdo. Em todo caso, sancionar o trabalho dos outros não é exercer a autoridade suprema e inicial do conselho. Em nossa experiência, os comitês executivos são criados ou porque o conselho pleno é grande demais ou porque o tempo exigido pelos trabalhos do conselho é excessivo para alguns membros. A solução para o primeiro caso é reduzir o tamanho do conselho. A solução para o segundo pode ser, em parte, um recrutamento mais adequado de conselheiros. No entanto, o remédio mais eficaz contra as exigências não realistas aos conselheiros é o melhor perfil de funções do conselho oferecido pela estrutura das Políticas de Governança.

Comitês de Auditoria. Os comitês de auditoria muitas vezes são criados para corrigir um conselho que é menos independente da administração do que o exigiria a integridade de sua responsabilidade perante os proprietários. Como acontece com qualquer outro comitê criado para esse fim, a melhor solução é, antes de mais nada, tornar propriamente independente o conselho pleno.

É claro que até mesmo um conselho totalmente independente pode optar, mesmo assim, por ter um comitê de auditoria. Quando isso ocorre, qual é a função do comitê de auditoria? Ou, mais precisamente, qual é o valor que o comitê de auditoria deve agregar e que constitui sua razão de ser? Primeiro, se nos atermos aos princípios relativos aos comitês (Quadro 3.1), o comitê não isenta o conselho de qualquer responsabilidade; ele simplesmente ajuda o conselho a cumprir com essa responsabilidade. Segundo, ele não tem autoridade para dar ordens à administração (exceto para obter livre acesso aos documentos e ao pessoal necessários). Que funções, então, restam para o comitê de auditoria? Um dos valores que o comitê pode agregar legitimamente ao conselho é uma lista de auditores externos competentes para que acionistas os selecionem (função de pesquisa). Outro é informar ao conselho o grau em que as políticas financeiras do conselho estão sendo atendidas pela administração (função de monitoria). Outro é assegurar ao conselho que o raio de atuação do auditor externo inclua todas as políticas do conselho sobre as quais o conselho deseje que o auditor dê seu parecer (organização do papel de monitoria). Outro ainda é garantir ao conselho que o auditor externo não tenha de enfrentar conflitos ao consultar a administração ou por outros fatores (função de monitoria).

Comitês de Remuneração. Os comitês de remuneração são mais um comitê para o qual a independência é importante e ao qual se aplicam os princípios relativos aos comitês. Entre os possíveis valores que os comitês de remuneração agregam encontram-se determinar as quantias reais e a composição da remuneração do CEO (em relação a uma interpretação razoável da política — preexistente e de nível superior — sobre esse tópico, determinada pelo conselho em sua função de tomada de decisões). Um outro valor que esse comitê pode legitimamente agregar é determinar se as outras remunerações da administração obedecem à política do conselho referente à remuneração e aos benefícios (função de monitoria). Outro ainda é informar ao conselho sobre as diversas opções de propostas quanto à remuneração da administração e dos conselheiros, bem como suas implicações (função de pesquisa).

Comitês de Nomeação. Um comitê de nomeação que pesquise os possíveis critérios para a nomeação de novos conselheiros e, em seguida, procure novos conselheiros que preencham esses critérios decididos pelo conselho estará agregando um valor legítimo à função do conselho pleno.

Comitês Consultivos. A necessidade de distinguir entre instruções e recomendações (como discutimos anteriormente neste capítulo) claramente se aplica aos comitês consultivos. Distinguimos, aqui, o comitê consultivo que um conselho pode criar para prestar consultoria para si mesmo, do comitê consultivo criado para prestar consultoria para a administração. Quanto ao primeiro, o conselho pode, a qualquer momento, criar qualquer mecanismo de consultoria que desejar para auxiliá-lo em seu trabalho. Quanto ao último, nós desestimulamos fortemente a formação de comitês do conselho para prestar consultoria à administração.

Uma das razões de nossa objeção é que os administradores são perfeitamente capazes de providenciar sua própria consultoria. Uma segunda razão é que recomendações vindas de conselheiros oficialmente reunidos pelo conselho podem ser difíceis de distinguir de instruções. Quando os diretores se encarregam de seus próprios mecanismos de consultoria, um membro do conselho que eventualmente aparecer num comitê formado pela administração estará menos propenso a ver seus papéis de consultoria e instrução confundidos. Os comitês criados pela administração nada têm a ver com governança, e não precisam ser controlados pelo conselho, ou se reportar oficialmente a ele, sob nenhuma forma. Nunca soubemos de alguma contra-indicação da simples regra de que os conselhos jamais devem criar comitês para prestar consultoria ou ajudar a administração com o que quer que fosse.

A Função do Presidente

Acreditamos que o papel do presidente é um dos fatores mais importantes para o desenvolvimento do potencial do conselho e, por isso, vamos dar a ele uma atenção considerável. Antes de mais nada, vamos retornar à nossa tese de que ninguém, numa empresa ou num conselho, tem nenhuma autoridade, ou mesmo função, sem que o conselho a outorgue. A autoridade de governança é confiada a um grupo de iguais, onde nenhum membro possui autoridade sobre outro e certamente nenhum membro tem nenhuma autoridade sobre o grupo como um todo. Mas, se é assim, por meio de que processo os conselheiros todos têm sua vez de falar e sua oportunidade de convencer? Qual disciplina, superior à persuasividade dos argumentos dos conselheiros, pode evitar que alguns indivíduos dominem o grupo? Quem protege a integridade do processo, quando os conselheiros se empenham em seu enérgico e cuidadoso intercâmbio?

O mecanismo mais óbvio — e, acreditamos, mais lógico — de proteção e aperfeiçoamento do conselho em sua função de grupo responsável é o cargo de presidente. Vamos tratar, aqui, do papel do presidente no processo do conselho, e *não* na supervisão da administração. (Mais adiante falaremos sobre a eliminação de todas as conotações de supervisão administrativa que essa função adquiriu.)

Como Lidar com a Coletividade. A função de presidente é criada por um grupo autoritativo, que não está propenso a se omitir de sua responsabilidade coletiva e que reconhece que a omissão seria provável se funcionasse sem um líder. No entanto, por mais necessário que possa ser o papel do presidente, ele poderá comprometer a responsabilidade do grupo se receber autoridade demais. Mesmo quando o grupo não atribui poderes excessivos ao presidente em caráter formal, há o risco de que possa fazê-lo sem querer. Em outras palavras, a solução mais comum contra as tendências indisciplinadas da *coletividade* é ela própria a maior ameaça à consecução de um grupo responsável. A finalidade do cargo de presidente não é isentar o grupo de sua coletividade difícil, mas ajudá-lo a lidar de modo competente com a sua natureza coletiva. O presidente que "salva" o conselho de sua responsabilidade está destruindo inteiramente a razão de ser do conselho. Um presidente competente, que mantenha o conselho fiel ao que o próprio conselho prometeu, é de um valor incalculável.

Proporcionar uma Liderança Servidora. É o presidente quem trabalha para o conselho, e não o contrário. Ele se torna servo do conselho para satisfazer à necessidade coletiva de liderança. O papel do presidente é o de providenciar, em nome do conselho, que o conselho cumpra a sua função. Filosoficamente, o conceito-chave deve ser o de líder servidor, tal como concebido por Robert Greenleaf.[2] O presidente do conselho é um líder, sem dúvida, mas a sua liderança só se legitima pela sua servidão implícita.[3] O presidente faz com que o conselho caminhe por conta própria, mas ele tem autoridade apenas quando atua dentro da esfera delegada pelo conselho. Os conselheiros, com efeito, demandam que o presidente atue de modo que eles, como indivíduos, sejam capazes de se transformar num órgão responsável.

Batendo o Martelo. Talvez seja possível, para um grupo desprovido de um líder, pronunciar-se como grupo, decidir como grupo e disciplinar suas interações plenamente como grupo; mas, para a maioria dos grupos formados por pessoas assertivas e enérgicas, esses feitos não são realistas. A paralisia ou desordem do grupo, ou a sua dominação por uma única personalidade forte, são riscos quase inevitáveis. O conselho precisa de ajuda para adquirir a disciplina e a integridade a que está obrigado, mas para as quais, enquanto grupo desprovido de líder, dificilmente está capacitado. O conselho precisa do presidente para bater o martelo e concretizar o compromisso do grupo com a disciplina, embora ele não seja, em momento algum, superior ao grupo.

A Função dos Outros Agentes

Os princípios relativos aos outros agentes do conselho, como os secretários ou tesoureiros da empresa, são os mesmos relativos aos comitês (Quadro 3.1). (Os diretores — incluindo o CEO, o COO ou o CFO — não são agentes da governança e, portanto, não serão discutidos aqui.)

Separando a Governança da Administração

O propósito e a natureza da autoridade do conselho exigem que a governança e a administração sejam tratadas de modos diferentes. São papéis diferentes, que produzem valores agregados diferentes, exigem qualificações diferentes e tratam de níveis diferentes de trabalho. A ausência de uma linha divisória clara entre esses papéis dificulta seriamente a governança.

A confusão entre as funções de governança e de administração é exemplificada, com um máximo de clareza, na prática corriqueira de se atribuir os papéis de presidente e CEO à mesma pessoa. Esses dois papéis são responsáveis perante o conselho, mas abrangem domínios de autoridade diferentes e exigem qualificações diferentes. O sucesso do presidente pode ser julgado pela eficiência da governança; o sucesso do CEO, pela eficiência da administração. O modelo de Políticas de Governança não exige que o presidente e o CEO sejam pessoas diferentes; mas *o modelo exige que os papéis se mantenham separados, mesmo quando esses dois cargos são ocupados pela mesma pessoa.*

Acreditamos que a maioria dos conselhos deveria reforçar, o quanto antes, o caráter único da função de presidente como *chief governance officer*. Indo além, acreditamos que adotar a definição da função do cargo como título do cargo (como aconteceu com os títulos de CEO, CFO, COO e CIO) teria bem mais do que um efeito cosmético e reforçaria poderosamente a mentalidade característica de governança. Por isso, recomendamos a substituição do título de presidente pelo de CGO. (Em vez de adotar, porém, esse título pouco familiar em nossa discussão principal, dedicamos o Apêndice B aos argumentos em favor da mudança de título. Nossos apêndices incluem também algumas discussões mais aprofundadas sobre outros tópicos relativos à separação entre governança e administração. As implicações do modelo Políticas de Governança para se separar as posições de presidente e CEO e as dificuldades referentes à estratégia de ter um conselheiro como líder são abordadas no Apêndice C. A prática de incluir membros internos, ou executivos, nos conselhos é questionada no Apêndice D.)

Elaborando Políticas de Processo de Governança

No Capítulo 2, descrevemos a arquitetura política das Políticas de Governança e apresentamos as quatro categorias de política que englobam todos os aspectos da empresa: Fins, Limitações Administrativas, De-

A CRIAÇÃO DE UMA LIDERANÇA COLETIVA

legação Conselho-Diretoria e Processo de Governança. Nesta seção, aplicamos essa arquitetura às políticas pelas quais o conselho governa a si mesmo, isto é, à categoria Processo de Governança (o quadrante superior esquerdo do círculo de políticas da Figura 2.4).

Nesta discussão e nas seguintes quanto às diversas categorias de políticas (e no Apêndice E), apresentaremos diversos exemplos de políticas. Os princípios dos quais derivam os exemplos de políticas (Quadro 1.1) e a própria arquitetura política (as categorias, o arranjo das decisões-dentro-das-decisões e a regra da interpretação razoável) fazem parte integrante do modelo e não podem ser modificadas sem destruir a eficiência do modelo. No entanto, em conteúdo e em profundidade de detalhe, os conselhos devem elaborar por conta própria suas declarações de políticas. Ao examinar as amostras de declarações encontradas neste livro, os conselheiros talvez constatem que concordam suficientemente com boa parte delas a ponto de adotá-las como são, ou que precisam fazer várias mudanças. Adotar o modelo e esses exemplos é bem semelhante a utilizar uma agenda ou um diário. Se você quer que sua vida diária funcione direito, é importante que você utilize cada parte de sua agenda para o propósito identificado e faça suas anotações nas datas certas. O que cada anotação diz, porém, é assunto pessoal.

O Processo de Governança compreende as decisões do conselho quanto ao propósito e à natureza da governança, à função do conselho e às formas como o conselho decidiu cumprir essa função. As políticas de Processo de Governança são políticas de meios (elas não podem ser políticas de fins, porque uma empresa não existe para ser bem governada, mas para gerar valor para os acionistas), mas não é preciso declará-las sob forma negativa, como as políticas de Limitações Administrativas. Não faz sentido o conselho controlar a si mesmo pelo método de imposição de limites aplicado no governo dos meios da administração. Afinal, o conselho deve decidir como fazer seu próprio trabalho.

Conseqüentemente, embora a natureza do trabalho do conselho em relação aos Fins seja definir e exigir, e seu trabalho em relação às Limitações Administrativas seja definir e proibir, seu trabalho em relação às políticas de Processo de Governança (e também de Delegação Conselho/Diretoria, como veremos no capítulo seguinte) é definir e comprometer-se. Ilustraremos aqui o esquema político descrito no Capítulo 2 por meio de dois exemplos de políticas de Processo de Governança.

Compromisso de Governança

O primeiro exemplo de política de Processo de Governança intitula-se "Compromisso de Governança" (Quadro 3.2). Como ocorre com todas as políticas de conselho, começa-se no nível mais geral (a maior tigela da categoria Processo de Governança), com uma declaração abrangente, ou global, quanto ao propósito do conselho e a quem o conselho representa. Em seguida, a política desce um nível de especificidade e trata de questões (pontos 1 a 11 do Quadro 3.2) contidas na declaração global. Ou seja, o conselho criou onze declarações subordinadas à declaração global. Cada uma dessas subdeclarações, embora trate de um subtópico isolado, está dentro da primeira tigela, da declaração global. Ou, em outras palavras, todas as subdeclarações estão no mesmo nível em relação à tigela maior.

Quadro 3.2. Política de Processo de Governança
"Compromisso de Governança".

O propósito do conselho, em nome dos acionistas, é assegurar que a empresa: (a) alcance resultados apropriados para os acionistas; e (b) evite atos e situações inaceitáveis.

1. **Filosofia da Responsabilidade**. A responsabilidade fundamental do conselho é para com os acionistas.
2. **Responsabilidade Social**. Embora o conselho admita que sua obrigação primeira é a de operar em favor dos interesses dos acionistas, essa fidelidade é temperada pelo dever para com a ordem social e a cidadania.
3. **Estilo de Governança**. O conselho governará sob a forma legal, dando ênfase: (a) à visão externa, em lugar da preocupação com questões internas; (b) ao estímulo à diversidade de pontos de vista; (c) à liderança estratégica, mais do que aos detalhes de administração; (d) à distinção clara entre as funções do conselho e do CEO; (e) às decisões coletivas, em lugar das individuais; (f) ao futuro, em lugar do passado ou do presente; e (g) à proatividade, em lugar da reatividade.
4. **Descrição da Função do Conselho**. Os resultados específicos (valores agregados) do trabalho do conselho, enquanto representante informado dos acionistas, serão aqueles que assegurem uma seqüência contínua de responsabilidade dos acionistas ao desempenho da empresa.
5. **Vinculação Conselho-Acionista**. Como representante dos interesses dos acionistas, o conselho preservará um vínculo confiável e permanente entre proprietários e operadores.
6. **Planejamento da agenda**. Para realizar suas funções com um estilo de governança coerente com suas políticas, o conselho obedecerá a uma agenda

anual que: (a) complete, a cada ano, uma reavaliação das políticas de Fins; (b) reexamine as políticas de Limitações Administrativas e a suficiência de sua proteção contra riscos; e (c) aperfeiçoe continuamente o desempenho do conselho, por meio da educação do conselho e do enriquecimento das contribuições e deliberações.

7. **Função do presidente.** O presidente assegura a integridade do processo do conselho e, secundariamente, representa externamente o conselho quando necessário, inclusive, mas não apenas, perante os acionistas.

8. **Conduta dos Conselheiros.** O conselho e seus membros se comprometem a uma conduta ética, profissional e lícita, incluindo o emprego adequado da autoridade por parte de seus membros e o decoro apropriado em sua atuação como conselheiros.

9. **Princípios Relativos aos Comitês.** Os comitês do conselho, sempre que forem adotados, serão nomeados de modo a reforçar a integridade da função do conselho e, portanto, a jamais interferir na delegação do conselho ao CEO.

10. **Estrutura dos Comitês.** Os comitês do conselho serão estabelecidos por ato do conselho, juntamente com suas funções, cronogramas e autorização do conselho para utilização dos fundos e do tempo da administração. Exceto quando se determinar de outra forma, o comitê deixará de existir assim que sua tarefa estiver concluída.

11. **Custos da Governança.** O conselho investirá intencionalmente, com competência e prudência, em sua capacidade de governar.

A Figura 3.1 ilustra o perfil aproximado da política do conselho uma vez estabelecido o "Compromisso de Governança". O nível mais externo corresponde à declaração global; o segundo nível, aos itens numerados. (Perceba que as figuras que ilustram os níveis de política deste e dos dois capítulos seguintes não necessariamente mostram o mesmo número exato de itens de política como os exemplos específicos de políticas que selecionamos para discutir.) Concluir todas as políticas necessárias à categoria Processo de Governança poderá resultar no perfil político mais completo mostrado na Figura 3.2.

A Função do Presidente

Nosso segundo exemplo de política de Processo de Governança, "Função do Presidente", está apresentado no Quadro 3.3. Essa política estabelece a autoridade e a responsabilidade do líder da governança, seja ele denominado presidente ou *chief governing officer*.

Perceba que a política apresentada no Quadro 3.3 é ela mesma uma extensão de um dos itens da política do Quadro 3.2. A Figura 3.2 ilustra como os itens vão se multiplicando conforme o conselho se aprofunda

Figura 3.1. Políticas do Processo de Governança: Níveis 1 e 2.

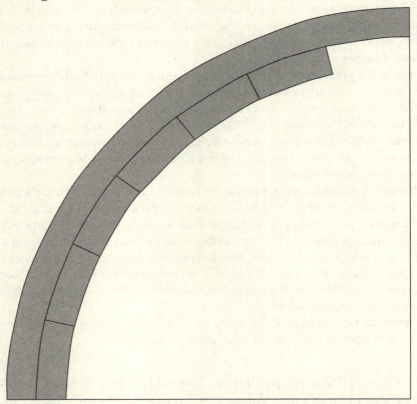

O conselho estabeleceu o nível global e, além dele, um dos níveis de detalhamento de suas políticas de Processo de Governança.

nos detalhes, nessa e em outras políticas da categoria Processo de Governança. Esse fenômeno funciona como uma barreira contra qualquer tendência de avançar muito nos detalhes. O ponto de parada que se deve observar é, evidentemente, o ponto no qual o conselho está disposto a permitir que seu delegado (nesse caso, o presidente) faça qualquer interpretação razoável das palavras do conselho.

Interpretação das Políticas do Processo de Governança

A autoridade para interpretar de modo razoável a política do conselho cabe ao presidente, não apenas em relação às políticas de Processo de Governança como também a todas as políticas de Delegação Conselho/Diretoria, e essa autoridade encontra-se, ela própria, explicitamente estabelecida na política. Depois de tomar as decisões do Processo de Go-

Figura 3.2. Conclusão das Políticas de Processo de Governança.

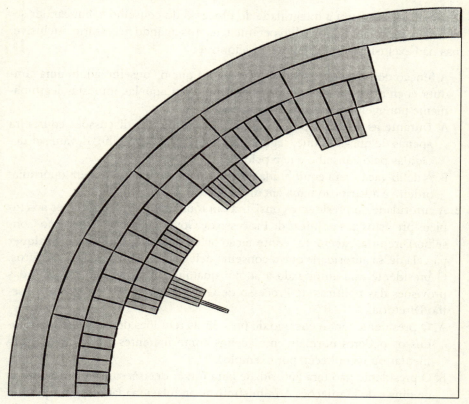

O conselho estabeleceu suas políticas de Processo de Governança com profundidade suficiente para que qualquer decisão ou escolha feita por um delegado seja aceitável para o conselho, dentro de uma interpretação razoável das determinações do conselho. Com isso, o conselho pode delegar com segurança todas as decisões posteriores nessa categoria.

vernança, qualquer que seja o nível de detalhamento que preferir (descendo até a tigela, qualquer que seja, que lhe parecer apropriada), o conselho autoriza seu presidente a tomar todas as outras decisões relativas a esse tópico, desde que as decisões do presidente constituam uma interpretação razoável das palavras do conselho.

O Apêndice E apresenta alguns exemplos de políticas em todas as quatro categorias, muitas vezes descendo pelo menos um nível além do exibido na Figura 3.1 e, em alguns casos, dois níveis. Os exemplos de políticas de Processo de Governança no Apêndice E abrangem, entre outros tópicos, a responsabilidade e o estilo de governar do conselho, suas funções, o papel do presidente como *chief governance officer*, a conduta individual dos diretores e os princípios relativos aos comitês.

Quadro 3.3. Política de Processo de Governança "Função do Presidente"

O presidente assegura a integridade do processo do conselho e, em caráter secundário, representa o conselho perante terceiros quando necessário, inclusive, mas não exclusivamente, perante os acionistas.

1. A função do presidente será a de fazer com que o conselho adote uma conduta coerente com suas próprias regras e com aquelas impostas legitimamente por agentes externos à organização.
   A. Durante as reuniões do conselho, o conteúdo das discussões consistirá apenas de questões que, segundo as políticas do conselho, devam ser decididas pelo conselho e não pelo CEO.
   B. A deliberação será equilibrada, aberta e completa, mas também oportuna, ordeira e adstrita ao tema em discussão.
2. A autoridade do presidente consistirá em tomar decisões pertinentes aos tópicos previstos nas políticas de Processo de Governança e de Delegação Conselho/Diretoria, exceto: (a) contratação ou demissão do CEO; e (b) qualquer parcela dessa autoridade que o conselho delegue especificamente a terceiros. O presidente está autorizado a adotar qualquer interpretação razoável das provisões das políticas de Processo de Governança e de Delegação Conselho/Diretoria.
   A. O presidente terá o encargo de presidir as reuniões do conselho, com todos os poderes normalmente aceitos como inerentes à posição (regulamentar ou reconhecer, por exemplo).
   B. O presidente não terá autoridade para tomar decisões quanto às políticas de Fins e de Limitações Administrativas ou relacionadas a esses tópicos.
   C. O presidente poderá representar o conselho perante terceiros anunciando as posições expressas pelo conselho e declarando decisões e interpretações dentro da área que lhe foi delegada.
   D. O presidente poderá delegar qualquer parcela de sua autoridade a outro conselheiro, mas permanecerá responsável pela utilização dessa autoridade.

Progredindo com Base no que já Foi Feito

Falamos sobre como o conselho pode ser responsável por seu próprio desempenho enquanto grupo — mas isso não quer dizer nada se o conselho não tiver impacto sobre o desempenho da empresa. O capítulo seguinte examina o modo como o conselho pode dirigir o desempenho da empresa por meio de um de seus empregados: o CEO.

Notas

1. R. Charan, *Boards at Work: How Corporate Boards Create Competitive Advantage* (São Francisco: Jossey-Bass, 1998), p. xvii.

2. R. K. Greenleaf, *Trustees as Servants* (Indianápolis: Greenleaf Center for Servant-Leadership, 1991) e *Servant-Leadership: A Journey into the Nature of Legitimate Power and Greatness* (Nova York: Paulist Press, 1977).

3. J. Carver, *The Unique Double Servant-Leadership Role of the Board Chairperson*, Booklet No. 2, Voices of Servant-Leadership Series (Indianápolis: Greenleaf Center for Servant-Leadership, Fev. 1999).

Capítulo 4

O Relacionamento com a Administração

O que é necessário é um modo alternativo e dinâmico de garantir que o poder seja exercido, em toda espécie e forma de ente corporativo (...), de modo a assegurar tanto um desempenho efetivo quanto adequada responsabilidade e comprometimento social.

— *Robert I. Tricker*[1]

Neste Capítulo

- Por que o desempenho da administração é o desempenho do CEO
- Por que o único chefe do CEO é a voz coletiva do conselho
- Compreendendo a relação conselho-CEO e os princípios referentes à delegação
- Elaborando políticas de Delegação Conselho/Diretoria

Os conselhos podem controlar diretamente seu próprio desempenho, mas não podem produzir o desempenho de toda a empresa por conta própria. Este capítulo esclarece como os conselhos podem outorgar ampla autoridade à administração e mesmo assim continuar inteiramente responsáveis pelo modo como a autoridade é utilizada.

Delegando Autoridade à Administração

Para converter os desejos dos proprietários em desempenho da empresa, os conselhos precisam ceder a maior parte de sua autoridade. O desempenho da empresa exige uma delegação maciça de poder e uma administração eficiente. A menos que o conselho queira ser ele próprio a equipe administrativa, além do grupo de governança, ele deve dirigir o desempenho da empresa de modo que a administração receba não apenas desafios, mas também poder. Quando o conselho se vincula à administração, no entanto, as primeiras questões que se colocam são: quem instruir, a quem outorgar poder e a quem pedir contas.

O CEO como Único Funcionário Administrativo do Conselho

É possível, para um conselho, governar uma empresa sem que a autoridade e a responsabilidade administrativas se concentrem numa única pessoa, como um CEO. Pouquíssimos conselhos, porém, optam por isso, uma vez que a prudência de ter um executivo-chefe raramente constitui um problema. No mínimo, pouquíssimos conselhos optam por isso *intencionalmente*.

Existem vários casos em que o presidente assume uma parte da mencionada autoridade do CEO. Nesses casos, o conselho permite uma diluição da função do CEO e a destruição de seu valor na cadeia de responsabilidade. Quando um conselho opta por utilizar a função do CEO, ele deve fazê-lo por inteiro. Não existe CEO parcial. Quando o conselho delega a mais de um administrador, ele está se colocando numa posição de superadministrador e, com isso, delegando somente algumas tarefas, e não a autoridade e a responsabilidade integrais, para que a administração as execute.

As Políticas de Governança requerem que o conselho delegue autoridade, para ser exercida pela administração, à *função* do CEO. Em outras palavras, qualquer que seja o título do cargo (presidente, diretor-geral, diretor-administrativo, CEO ou equivalentes) e qualquer que seja a função adicional atribuída à mesma pessoa (a função de presidente do conselho, por exemplo), uma delegação poderosa à administração requer uma *função* que, até o fim deste livro, chamaremos de CEO.

O CEO é o elo da cadeia de comando que liga o conselho ao restante da administração. Portanto, ao dar instruções e julgar o desempenho, o conselho se pronuncia, com uma voz coletiva, somente para *essa única* pessoa. O conselho delega a essa única pessoa a autoridade de administrar todas as demais da estrutura operacional. Portanto, quando o CEO se dirige oficialmente aos seus colegas, ele está se pronunciando — no que se refere a eles — com a autoridade do conselho.

Com essa linha clara de autoridade, o conselho pode e deve pedir contas somente ao CEO pelo que se faz com a autoridade executiva delegada. Todas as realizações, procedimentos, decisões e situações operacionais recaem sobre essa pessoa. O desempenho da administração *é* o desempenho do CEO. O conselho tem apenas um funcionário — o CEO. O CEO tem apenas um chefe — a voz coletiva e única do conselho.

Um CEO Forte é Vantajoso para o Conselho

O conselho está obrigado perante os proprietários pelo desempenho bem-sucedido da empresa — portanto, o conselho não pode ser bem-sucedido se o CEO não o for. O CEO não pode ser bem-sucedido se não puder para fazer as coisas acontecerem. Em outras palavras, é vantajoso para o conselho ter um CEO forte, e não fraco.

O modelo Políticas de Governança requer conselhos que outorguem a seus CEOs tanta autoridade quanto possível, mas sem "entregar o ouro". Quando o conselho estabelece seu papel de comandar e avaliar o desempenho do CEO, sua filosofia de delegação deve se encarregar das justificativas para a retenção, e não para a outorga, da autoridade.

Maximizar responsavelmente a autoridade da administração não é diminuir a importância da governança, mas situar o poder pelo desempenho da empresa onde ele possa ser maximamente proveitoso. A delegação pelo conselho deve se modelar pelo tipo de delegação que o conselho esperaria encontrar numa empresa bem administrada — uma delegação tão ampla quanto possível, sem perda de controle.

As empresas, hoje, precisam gerar valor mais rapidamente do que em qualquer outra época. A sobrevivência depende da capacidade do CEO de se ajustar rapidamente às mudanças súbitas do mercado. A competição global serve para gerar um ambiente empresarial desafiador e em frenética mudança, como o fazem as exigências de respostas rápidas, acesso imediato e funcionalidade por parte dos clientes. As decisões mais rápidas são possibilitadas pela tecnologia e exigidas pelo ambiente. Não é o momento, e a relação conselho-CEO não é o lugar, para estruturas ou práticas inoportunas. O conselho, para seu próprio bem, deve assegurar um máximo de fortalecimento do CEO — e, ao mesmo tempo, não comprometer sua própria responsabilidade perante os proprietários.

A Descrição das Funções do CEO

Dentro da estrutura das Políticas de Governança, a descrição das funções do CEO — o valor que o CEO agrega — torna-se bastante simples. *A função do CEO é assegurar que a empresa alcance os fins estabelecidos pelo conselho e evite os meios inaceitáveis relacionados pelo conselho.* A função do CEO, portanto, é garantir que a empresa cumpra as duas categorias de políticas do conselho referentes ao desempenho da administração (em contraste com as referentes ao desempenho do conselho). Isso, é claro, é um resumo simples de uma função bastante complexa. Mas, se o CEO responde perante o conselho pelo cumprimento dessa descrição de funções, o conselho tem tudo de que precisa para comandar o desempenho da empresa, além de responder, por sua vez, por esse desempenho perante os proprietários.

Vamos esclarecer como se distingue entre responsabilidade indireta e responsabilidade direta.* A responsabilidade direta refere-se à obrigação imediata, ativa, de um indivíduo ou de um grupo de produzir alguma coisa de valor. A responsabilidade indireta refere-se à obrigação de um indivíduo ou de um grupo de produzir *ou* cuidar que se produza alguma coisa de valor. Portanto, pode-se dizer que o conselho é indiretamente responsável pelo serviço prestado aos clientes, enquanto a equipe de frente é diretamente responsável por ele. Além disso, o conselho é diretamente responsável por redigir suas políticas, enquanto o CEO é diretamente responsável por interpretá-las. A distinção entre a responsabilidade direta e a responsabilidade pelo que é realizado pelos subordinados é importante na esquematização das funções do conselho ou das funções de qualquer administrador. Quer se adote *responsabilidade direta* e *responsabilidade indireta* para se rotular esses dois conceitos, quer se adote *responsabilidade ativa* e *responsabilidade passiva*, essa distinção deve ser feita.

O que se conclui, portanto, é que não importa para o conselho com que o CEO vai se responsabilizar diretamente — o que delegar, para quem delegar e o que reter é opção dele. Afinal, o próprio organograma da empresa é uma decisão administrativa de meios, na qual é melhor que o conselho não interfira. O que importa para o conselho é a *responsabilidade indireta* do CEO — ou seja, a soma acumulada de todas as responsabilidades diretas dentro da empresa (exceto a responsabilidade direta do conselho por sua própria conduta). E essa soma acumulada resulta em duas coisas: (1) a empresa atinge o valor acionário, qualquer que seja a forma, ou quaisquer outros benefícios que o conselho tenha decidido; e (2) a empresa evita riscos, métodos, condutas e situações inaceitáveis.

Práticas que Enfraquecem a Delegação à Administração

Quando outros administradores, como o *chief financial officer* [executivo-chefe de finanças] ou o *chief operating officer* [executivo-chefe de

---

* No original, respectivamente, *accountability* e *responsibility*. Na ausência de um equivalente específico em português para *accountability*, os dois termos foram traduzidos indiferentemente, ao longo do livro, como "responsabilidade", que inclui ambas as conotações (N. do T.).

operações], participam do conselho (como membros ou em outras funções), o princípio do *único funcionário* pode estar em risco. O conselho precisa tomar o cuidado de não dar ou parecer dar instruções diretas a esses executivos. Quando isso acontece, o conselho está denotando que esses outros administradores são seus empregados diretos, diluindo, assim, o papel do CEO.

Um outro conjunto de problemas é criado quando o conselho deixa de se pronunciar com uma voz coletiva e única. Quando o presidente (ou qualquer outro conselheiro, na verdade) faz com que o CEO se reporte diretamente a ele, o presidente se torna, de certo modo, um CEO na prática. Em outras palavras, o presidente se torna o elo entre o conselho e o desempenho da administração, e, com isso, ele deverá ser a pessoa que responde ao conselho por esse desempenho. Mas é difícil, para o conselho, fazer com que seu presidente preste contas das responsabilidades do CEO, e a relação do conselho com a pessoa que efetivamente porta o título de CEO se torna confusa.

A delegação se enfraquece também quando o CEO não se sente seguro para confiar no conselho. Nesses casos, o CEO pode se arriscar a uma possível desaprovação de decisões administrativas pelo conselho ou retornar repetidas vezes ao conselho para aprovação. Isso pode resultar num CEO reticente, tomando contínuas precauções para atrair o conselho a decisões e questões administrativas, ou num CEO que controla o processo do conselho manipulando e determinando a programação, a fim de proteger seu próprio território.

Por fim, quando o conselho diz ao CEO como fazer seu próprio trabalho (prescrevendo, assim, meios administrativos), a liberdade do CEO de planejar e implementar as operações da empresa se reduz, e a delegação, portanto, se enfraquece. Além disso, quando o conselho impõe a escolha de alguns, ou de todos, os meios para a consecução dos fins, ele não pode exigir que o CEO responda plenamente pela consecução desses fins.

O modelo das Políticas de Governança trata de todos esses potenciais enfraquecimentos da delegação à administração e elimina qualquer obscuridade quanto ao fato de que é o conselho quem delega à administração, e nunca o oposto.

O Relacionamento Conselho-CEO

A responsabilidade do conselho perante os proprietários é constante; o conselho é uma autoridade permanente. A liderança pelo conselho, portanto, deve ser aplicada de modo constante e consistente. Um conselho propriamente dito não é uma autoridade auxiliar, para períodos de crise. Ele não existe para ajudar a administração, ou para remediar fraquezas administrativas. A governança propriamente dita existe para exercitar uma autoridade permanente, estabelecendo os valores que orientam a companhia por todos os seus desafios conhecidos e ainda por conhecer. A função da administração consiste em aplicar esses valores às operações da empresa, num mundo de circunstâncias, oportunidades e ameaças em mutação.

Embora a autoridade do conselho seja claramente superior à do CEO, existe, na prática, uma considerável parceria. O CEO foi investido de um interesse em assegurar que as decisões do conselho sejam sábias, pois o conselho e o CEO terão que obedecer a elas e ser avaliados de acordo com elas — não só hoje, mas a cada dia do futuro previsível. O conselho foi investido de um interesse em buscar a contribuição do CEO, pois o seu sucesso depende do sucesso do CEO. Como num esporte, só é possível um máximo de intercâmbio produtivo — jogar e trabalhar em conjunto — quando não há dúvida quanto aos papéis e às regras.

Os bons relacionamentos se baseiam na confiança. O conselho reforça a confiança existente entre ele mesmo e o CEO ao criar expectativas razoáveis e julgar somente de acordo com essas expectativas. Fixar políticas e depois ignorá-las (ou, em outras palavras, dizer uma coisa e fazer outra) compromete a confiança. Deixar de declarar antecipadamente o que se espera, e depois criticar retroativamente, compromete a confiança. Não estamos nos referindo, aqui, àquela confiança do gênero "agora é com você, mas, por favor, não nos venha com surpresas desagradáveis". Nem à confiança do gênero "quem mais entende do seu trabalho é você". Nem mesmo à do gênero "estamos todos juntos nesse barco". Estamos falando de uma confiança erigida sobre funções explícitas, expectativas explícitas e monitoramento explícito.

O relacionamento apropriado entre o presidente do conselho e o CEO deve ficar claro também. Ambos, o presidente e o CEO, receberam do conselho uma considerável autoridade e obrigação de liderar. Os dois cargos não possuem relação hierárquica entre si, pois cada um deles trabalha diretamente para o conselho. O CEO não se reporta ao presidente, mas ao conselho; o presidente não tem autoridade sobre o CEO. Se isso não for verdade, o presidente será um CEO na prática, não importando o título. Mesmo quando uma única pessoa acumula as duas funções, é importante para os conselheiros, assim como para o encarregado, reconhecer e cumprir separadamente cada um dos papéis. A função do presidente — conforme a tarefa que recebeu do conselho — é providenciar que o conselho cumpra seu papel. A função do CEO — conforme a tarefa que recebeu do conselho — é providenciar que a administração cumpra seu papel.

Princípios Relativos à Delegação

Para funcionar direito, a delegação deve ser manifesta e clara, realista e julgada com razoabilidade. Não se trata de meras tecnicalidades, mas de princípios de justiça natural que o modelo Políticas de Governança defende.

- *A delegação deve ser manifesta e clara.* A estrutura das Políticas de Governança requer que o conselho jamais exija do CEO que atenda a expectativas de desempenho que não tenham sido declaradas. Portanto, as políticas do conselho devem consignar todas as expectativas de desempenho do conselho por escrito. O método do modelo permite que os conselhos o façam de modo sucinto; completude, portanto, não quer dizer documentos extensos.
- *A delegação deve ser realista.* O conselho não pode exigir racionalmente do CEO que execute políticas não realistas. As políticas, quando não realistas, são inúteis; valem mais por seus floreios retóricos do que por seu propósito declarado. O conselho, portanto, deve se certificar de que está suficientemente informado sobre o que é e o que não é realista, e deve rever periodicamente suas expectativas para assegurar que elas continuam factíveis.
- *A delegação deve ser julgada com razoabilidade.* Por uma questão de *fair play*, o conselho não pode julgar o CEO sem primeiro tornar conhecidos seus critérios. Tampouco pode o conselho permitir que o CEO seja criticado por um conselheiro por não corresponder às expectativas individuais daquele conselheiro. Os conselheiros, enquanto órgão, estão obrigados a proteger o CEO dos conselheiros enquanto indivíduos.

Elaborando Políticas de Delegação Conselho/Diretoria

Selecionamos três políticas para exemplificar como a arquitetura das Políticas de Governança modela a delegação do conselho ao CEO na categoria Delegação Conselho/Diretoria. (O Apêndice E contém uma série mais completa de exemplos.)

Delegação ao CEO

O primeiro exemplo de política (Quadro 4.1), intitulado "Delegação ao CEO", começa com o nível mais geral de decisão e, em seguida, se aprofunda nos detalhes, um nível de cada vez. Seu preâmbulo expressa o nível mais geral de decisão do conselho quanto à relação governança-administração, declarando que o conselho vai governar a empresa por intermédio do CEO, que será seu "único elo oficial" com a empresa. A palavra *oficial* deixa em aberto a possibilidade de relações informais com outras pessoas. Nos itens 1 a 6, o conselho trata do nível imediatamente abaixo do nível mais geral, enumerando, num nível ainda um tanto genérico, as implicações de possuir somente um funcionário e o modo como o conselho vai delegar a esse funcionário e monitorar seu desempenho.

Quadro 4.1. Política de Delegação Conselho/Diretoria "Delegação ao CEO"

O único elo oficial com a parte operacional da empresa, com seus empreendimentos e com a sua gestão será por intermédio do *chief executive officer* (CEO).

1. **Unidade de Controle.** Apenas os documentos oficialmente aprovados pelo conselho, pronunciando-se autoritativamente como grupo, são obrigatórios para o CEO.
2. **Responsabilidade do CEO.** O CEO é o único elo oficial do conselho com os empreendimentos operacionais e com a gestão, de modo que toda autoridade e responsabilidade da administração será considerada, pelo conselho, como autoridade e responsabilidade do CEO.
3. **Natureza da Delegação ao CEO.** O conselho instruirá o CEO por meio de políticas sob forma escrita, que prescreverão as vantagens a ser conquistadas para os acionistas e descreverão as situações e atos organizacionais a evitar, permitindo ao CEO qualquer interpretação razoável dessas políticas.
4. **Monitoramento do desempenho do CEO.** O monitoramento sistemático e rigoroso do desempenho do CEO no cumprimento de suas funções será feito exclusivamente segundo os critérios dispostos nas políticas de Fins e de Limitações Administrativas do conselho.
5. **Remuneração do CEO.** A remuneração do CEO será decidida pelo conselho, como órgão, e será baseada no desempenho da empresa e nas circunstâncias do mercado executivo.
6. **Demissão do CEO.** A demissão do CEO é de autoridade exclusiva do conselho e não será delegada a nenhum representante ou comitê.

A Figura 4.1 mostra de maneira aproximada como a política de "Delegação ao CEO" seria representada no círculo das políticas. Seu preâmbulo (a declaração geral de abertura) estabelece a idéia mais genérica da

Figura 4.1. Políticas de Delegação Conselho/Diretoria: Níveis 1 e 2.

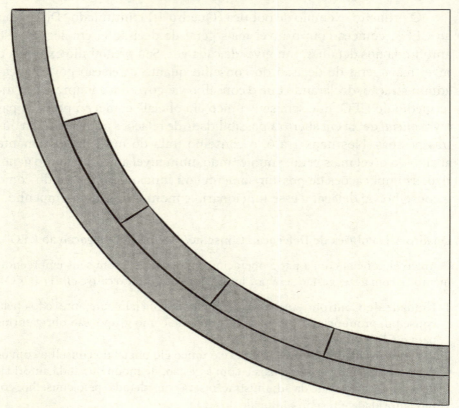

O conselho elaborou o nível global e o nível imediatamente posterior de detalhamento de suas políticas de Delegação Conselho/Diretoria.

categoria Delegação Conselho/Diretoria. Seus itens vão um nível além no grau de detalhamento.

Responsabilidade do CEO

O segundo exemplo de política (Quadro 4.2), "Responsabilidade do CEO", refere-se à intenção, por parte do conselho, de estabelecer para o CEO uma responsabilidade incontestável, além de ilustrar mais um grau de especificidade, adotando como ponto de partida o segundo item da política de "Delegação ao CEO". Refere-se à descrição de funções do CEO como cumprimento das políticas de Fins do conselho e ao cumprimento das políticas do conselho quanto aos meios inaceitáveis. Examinaremos essas políticas com maiores detalhes no próximo capítulo.

O RELACIONAMENTO COM A ADMINISTRAÇÃO

Quadro 4.2. Programa de Delegação da Direção do Conselho "Responsabilidade do CEO pela prestação de contas"

O CEO é o único vínculo oficial do conselho com a realização e conduta operacional, de modo que toda autoridade e responsabilidade da diretoria é considerada pelo conselho como autoridade e responsabilidade do CEO.

1. O conselho nunca dará instruções à pessoa que se reporta direta ou indiretamente ao CEO.
2. O conselho não avaliará, quer formal quer informalmente, o desempenho no trabalho de qualquer posição da diretoria a não ser a do CEO.
3. O conselho verá o desempenho do CEO como idêntico ao desempenho total da diretoria; portanto a realização organizacional das metas estabelecidas pela diretoria e a abstenção das limitações da diretoria constatadas pelo conselho, serão consideradas um desempenho bem-sucedido do CEO. Nenhuma medida do desempenho estabelecida pelo conselho ou pelos seus órgãos (como os comitês de compensação) deverá entrar em conflito com ou modificar esta medida de desempenho.
4. Todas as Limitações da Diretoria impostas ao CEO são limitações impostas a toda a diretoria, tanto que a violação por qualquer parte da firma é uma violação cometida pelo CEO.

Monitoramento do Desempenho

As Políticas de Governança exigem que a delegação responsável compreenda, primeiro, declarar expectativas; segundo, atribuí-las a alguém, sem ambiguidades; e, por fim, monitorar ou avaliar o desempenho adotando como critério essas expectativas. As políticas criadas dentro da estrutura das Políticas de Governança compõem as expectativas declaradas, e sua formulação, depois de interpretada pelo CEO, estabelece as bases para um monitoramento racional. O tópico do monitoramento e da avaliação será examinado com profundidade bem maior no Capítulo 6. Por ora, apresentaremos uma política de conselho para ilustrar esse aspecto da Delegação Conselho/Diretoria.

Essa política (Quadro 4.3), "Monitoramento do Desempenho do CEO", é essencial para que se construa uma relação de comunicação adequada entre o conselho e o CEO. O conselho quer que suas palavras produzam efeitos e investiga se elas estão realmente produzindo efeitos. Se o conselho não tomar para si a plena responsabilidade de monitorar o cumprimento das funções do CEO — o que significa o modo como a autoridade outorgada pelo conselho é exercida —, ele estará abdicando de sua responsabilidade.

Quadro 4.3. Política de Delegação Conselho/Diretoria "Monitoramento do Desempenho do CEO".

O monitoramento sistemático e rigoroso do desempenho do CEO no cumprimento de suas funções será feito exclusivamente segundo os critérios dispostos nas políticas de Fins e de Limitações Administrativas do conselho.

1. Monitorar consiste simplesmente em determinar em que grau as políticas do conselho são atendidas. As informações que não se refiram a isso não serão consideradas informações de monitoramento.
2. O conselho obterá as informações de monitoramento por meio de um ou mais métodos dentre os seguintes: (a) por relatórios internos, em que o CEO revelará ao conselho informações quanto ao cumprimento de suas políticas; (b) por relatórios externos, em que um terceiro externo e desinteressado, escolhido pelo conselho, avaliará o cumprimento das políticas do conselho; e (c) por inspeção direta pelo conselho, na qual um ou mais conselheiros designados avaliarão o cumprimento das políticas do conselho, conforme os critérios pertinentes estabelecidos nas políticas.
3. Em qualquer caso, o padrão será *qualquer interpretação razoável feita pelo CEO* da política do conselho sob monitoramento. O conselho é o árbitro final da razoabilidade, mas sempre julgará de acordo com o teste da "pessoa ponderada", em vez de interpretações preferidas pelos conselheiros, individualmente, ou pelo conselho como um todo.
4. Todas as políticas que instruem o CEO serão monitoradas com periodicidade e método escolhidos pelo conselho. O conselho poderá monitorar qualquer uma delas a qualquer momento, por qualquer método, mas, de ordinário, seguirá um cronograma de rotina.

POLÍTICA	MÉTODO	FREQÜÊNCIA
Fins		
Valor para o Acionista	Interno (CEO)	Anual
Limitações Administrativas		
Restrições Básicas aos Executivos	Externo (Diversos)	Anual
Tratamento dos grupos com interesse na organização	Interno (CEO)	Anual
Tratamento dos Funcionários	Interno (CEO)	Anual
Planejamento Financeiro e Orçamento	Interno (CEO)	Trimestral
Condição Financeira e Atividades	Interno (CEO) Externo (Auditor)	Trimestral Anual

POLÍTICA	MÉTODO	FREQÜÊNCIA
Proteção dos Ativos	Externo (Auditor)	Anual
Substituição Temporária do CEO	Inspeção direta (Presidente)	Anual
Investimentos	Externo (Auditor)	Semestral
Remunerações e Benefícios	Interno (CEO)	Anual
Negociação dos Papéis da Empresa	Interno (CEO)	Semestral
Comunicações e Suporte	Inspeção direta (Presidente)	Anual
Diversificação	Interno (CEO)	Semestral

5. A decisão do conselho referente à avaliação periódica do CEO e ao componente da remuneração do CEO baseado na avaliação terá fundamento no desempenho demonstrado conforme o sistema de monitoramento descrito nesta política.

Quando o conselho tiver elaborado todas as políticas que considera necessárias para descrever o relacionamento governança-administração, o perfil do conjunto resultante de políticas poderá lembrar o exemplo da Figura 4.2. (Algumas das políticas que acabamos de descrever e algumas das políticas adicionais de Delegação Conselho/Diretoria serão mais bem compreendidas à luz das explicações que forneceremos no próximo capítulo.)

Interpretação das Políticas de Delegação Conselho/Diretoria

As políticas de Delegação Conselho/Diretoria, como as políticas de Processo de Governança, referem-se aos meios do conselho — no caso, aos meios pelos quais o conselho delega autoridade ao CEO e exige prestação de contas pelo seu uso. Como essas políticas governam diretamente a ação do conselho, e não do CEO, o poder de interpretação razoável compete ao presidente. A autoridade do presidente está ela própria explicitamente fixada na política (quadro 3.3). Portanto, quando o conselho redige políticas de Delegação Conselho/Diretoria, qualquer que seja o nível de detalhamento escolhido (avançando até a tigela que considere mais adequada, qualquer que seja), ele está autorizando seu presidente a tomar todas as decisões posteriores em relação ao tópico, desde que as decisões do presidente constituam uma interpretação razoável das palavras do conselho.

Figura 4.2. Finalização das Políticas de Delegação Conselho/Diretoria.

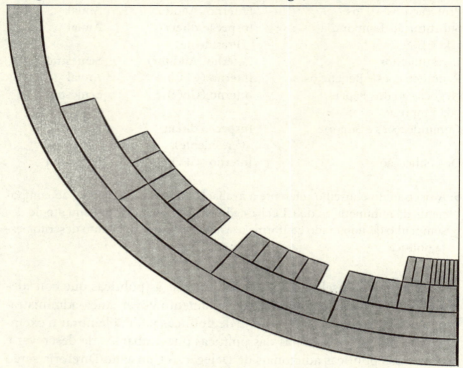

O conselho estabeleceu suas políticas de Delegação Conselho/Diretoria com profundidade suficiente para que todas as decisões ou escolhas feitas por um delegado sejam aceitáveis para o conselho, desde que constituam interpretações razoáveis das declarações mais genéricas. Assim, o conselho poderá delegar com segurança todas as decisões posteriores dessa categoria.

Progredindo com Base no que já Foi Feito

Este capítulo demonstrou como o conselho pode outorgar ao CEO a autoridade de que ele precisa para gerar desempenho administrativo e responder por esse desempenho. Agora o conselho já determinou os papéis e mecanismos envolvidos no relacionamento conselho/diretoria. Mas ele ainda não apresentou o *conteúdo* de suas expectativas de desempenho administrativo e, portanto, do desempenho do CEO. O capítulo seguinte explica como o conselho pode fornecer ao CEO informações explícitas quanto ao tipo de desempenho que espera.

Nota

1. R. I. Tricker, "Corporate Governance — the Subject Whose Time Has Come", *Corporate Governance: An International Review*, 2000, 8(4), 289-296.

Capítulo 5

DETERMINANDO AS EXPECTATIVAS DE DESEMPENHO DA ADMINISTRAÇÃO

É o conselho, representando os interesses daqueles que o
nomearam, quem deve estabelecer os padrões que se espera
dos administradores, e estabelecê-los num nível alto.

— *Sir Adrian Cadbury*[1]

Neste Capítulo

- Como o conselho prescreve os fins da empresa
- Como o conselho proscreve os meios da empresa
- Elaborando políticas de Fins e de Limitações Administrativas

No Capítulo 4, estabelecemos a função do CEO como a de único instrumento do conselho para dirigir o desempenho da administração. Agora vamos demonstrar como a estrutura das Políticas de Governança permite ao conselho criar um manual de instruções preciso e eficaz para esse desempenho.

Para que Existe a Empresa

Desempenho da empresa é uma expressão que abrange potencialmente todos os aspectos de uma empresa. O desempenho da empresa diz respeito ao preço das ações, à rotatividade dos funcionários, à satisfação dos consumidores, à utilização do espaço e inúmeros outros tópicos. Todos esses tópicos são importantes, e o conselho enfrenta o desafio de elaborar instruções para o desempenho da empresa necessárias para que se cumpra a responsabilidade do conselho.

Dentro da estrutura das Políticas de Governança, o primeiro passo em direção à superação desse desafio é identificar *para que* é a empresa. O conselho não poderá definir o que ele quer que suas políticas digam enquanto não for capaz de definir o que ele quer que a empresa realize. A resposta a essa pergunta — para que é a empresa? — constitui a principal mensagem para o CEO. Essa resposta diz por que ele tem um emprego. Constitui o critério geral de julgamento do desempenho da empresa e, portanto, do desempenho do CEO.

Além disso, como afirmamos no Capítulo 2, o sistema das Políticas de Governança requer uma separação entre a razão de ser de uma empresa e tudo mais (entre fins e meios), para que o conselho seja capaz de separar conjuntos diferentes de políticas em conjuntos compatíveis de decisões-dentro-das-decisões para delegação.

A Razão de Ser da Companhia: Produzir Valor para os Proprietários

Afirmamos que as empresas existem, antes de mais nada, para produzir valor para seus proprietários. Em outras palavras, uma organização é para o que quer que seus proprietários queiram, ao passo que ela *faz* o que for necessário para realizar aquilo para que ela existe. Proprietários diferentes têm aspirações diferentes. Portanto, cada conselho deve não apenas ter clareza quanto a quem são seus proprietários como também ter um certo grau de diálogo com eles antes de poder especificar a espécie de valor que a empresa deve produzir. Esse processo pode ser direto. Os proprietários da empresa são normalmente definidos como sendo os acionistas, e em geral eles querem que o valor se manifeste em suas ações; mas, como já discutimos no Capítulo 2, pode haver exceções a essa concepção. Embora a maior parte dos acionistas definam o valor que desejam em termos puramente financeiros, há também acionistas que buscam outros benefícios com seu investimento, como a satisfação do pioneirismo num determinado avanço, o apoio a uma determinada espécie de conduta empresarial ou, quando o proprietário é também o operador, determinado modo de trabalho.

Obrigações em Relação a Outros Grupos com Interesse na Organização

Uma empresa também possui responsabilidades perante outros grupos com interesse na organização, mas, como essas obrigações não fazem parte da razão de ser da empresa, nossa posição é que elas não constituem matéria de fins. Todas as obrigações, além da de gerar valor para os proprietários, são assuntos de meios, e não de fins. Portanto, o conselho

DETERMINANDO AS EXPECTATIVAS DE DESEMPENHO DA ADMINISTRAÇÃO   83

pode optar pelo grau de preocupação que preferir em relação aos outros grupos com interesse na organização que não os proprietários; mas essa preocupação estará expressa em políticas que delimitem a esfera aceitável de comportamento da administração e do conselho. Ou seja, estará expressa nas políticas de Limitações Administrativas e de Processo de Governança, e não nas políticas de Fins.

Uma observação mais detalhada das relações entre o conselho e determinados grupos com interesse na administração confirma a tese de que as obrigações do conselho perante os não-proprietários constituem obrigações de fins.

Obrigações Legais. As políticas públicas e a lei estabelecem a responsabilidade social mínima da companhia. A ordem social pode optar por fixar salários mínimos, padrões de segurança, garantias contra a discriminação ou licenças-maternidade. Há muito espaço para discussões quanto aos limites sensatos dessas imposições — discussões fundamentadas em filosofia política e econômica, e também na pragmática —, mas está dentro da autoridade do Estado fazer essas opções. A obediência à lei é a responsabilidade social fundamental do conselho, mas isso nada tem a ver com para que é a empresa. A legalidade é um pré-requisito para se fazer negócios, mas a empresa não existe para que a lei seja cumprida. A responsabilidade formal da empresa perante a lei é o exemplo mais claro de uma obrigação do conselho não relacionada aos fins.

Obrigações Éticas. A conduta ética é também uma responsabilidade social, embora com uma margem de interpretação maior e uma coerção menos evidente. Existem vários atos que uma empresa pode praticar que são aceitáveis do ponto de vista jurídico, mas que constituiriam uma ofensa às concepções de decência média de muita gente. O conselho pode impor à empresa a obrigação de agir eticamente — não porque seja necessário que o conselho o faça, mas simplesmente por acreditar que a conduta ética é correta ou que as conseqüências comerciais de um comportamento antiético seriam inaceitáveis.

Obrigações perante os Consumidores, Funcionários e Fornecedores. A obrigação do conselho perante os consumidores, empregados e fornecedores não é a de gerar valor acionário para eles, mas a de tratá-los com o devido respeito, legal e eticamente. Existem certas empresas que possuem também obrigações perante os consumidores, empregados e fornecedores enquanto proprietários. Os proprietários de uma cooperativa, por exemplo, também são seus clientes, e certas espécies de empresas considem seus empregados como proprietários, devido a certos sistemas de remuneração com ações ou modelos especiais de governança. Quando existe esse tipo de justaposição, o conselho precisa distinguir claramente entre suas obrigações perante esses indivíduos enquanto proprietários e suas obrigações perante esses mesmos indivíduos enquanto consumidores, empregados ou fornecedores — e suas obrigações perante os proprietários devem ser sempre soberanas.

Obrigações Sociais em Geral. A expressão *responsabilidade social da empresa* foi criada de modo a incluir contribuições voluntárias de todos os tipos para o bem da sociedade em geral — entre elas, o apoio às artes, aos projetos sociais e às comunidades locais. A empresa não existe para cumprir essas obrigações, mas o conselho pode optar, mesmo assim, por fazer dessas contribuições um modo de acentuar os interesses de longo prazo da empresa, ou que representem a interpretação do conselho do que é uma conduta social ética.

Comandando os Fins

Se os fins expressam o valor para os proprietários, e não os valores para os outros grupos com interesse na empresa, é evidente em nome de quem o conselho deve elaborar suas políticas de Fins. Portanto, as políticas de Fins devem expressar as expectativas de desempenho do conselho a respeito dos padrões de sucesso empresarial que são adequados *do ponto de vista dos proprietários.*

Os Três Componentes dos Fins

Como ocorre com todas as políticas das Políticas de Governança, a definição dos fins exige precisão. Exige também, no entanto, uma compreensão do poder de expressar os fins como o diferencial que uma empresa gera para os proprietários (e não as atividades a que ela vai se dedicar para gerar esse diferencial). Para elaborar dispositivos que direcionem, com um máximo de certeza, a companhia inteira à produção dos fins desejados, o conselho deve definir três componentes de seu conceito de fins: primeiro, os *resultados* para os quais existe a empresa; segundo, os *destinatários* desses resultados; terceiro, o *peso relativo* desses resultados.

Definindo os Resultados

Numa empresa organizada para dar lucro, o componente "resultados" dos fins está relacionado normalmente ao valor financeiro que ela proporciona para os proprietários da empresa — ou seja, os resultados são o que geralmente se denomina valor das ações. Mas pode haver variações. Em certas empresas pequenas e iniciantes, por exemplo, os resultados desejados podem incluir trabalhar com independência, com sócios de confiança, numa área estimulante — além de um retorno financeiro satisfatório. Em algumas empresas familiares, o valor desejado pelos proprietários é a satisfação de ter os membros da família trabalhando juntos num mesmo negócio — além de um retorno financeiro satisfatório.

O julgamento do conselho em relação a isso deve levar em conta não apenas a espécie de resultados a atingir como também o nível de ambição que esses resultados refletem e o prazo para atingi-los — e, sobre todos esses tópicos, cada um dos proprietários pode ter uma concepção diferente.

Definindo os Destinatários

Se os resultados desejados constituem uma expressão do valor das ações, os destinatários, por definição, são os proprietários. No entanto, nem todos os proprietários têm os mesmos interesses, e o conselho representa a todos os proprietários. O debate na sala do conselho deve respeitar a diversidade entre os proprietários, chegando a conclusões que possam ser traduzidas como expectativas de desempenho da empresa.

Para empresas menores, de capital fechado, decidir quem são os destinatários talvez seja relativamente simples, ao passo que essa decisão pode se complicar para empresas maiores. A variedade potencial de perspectivas quanto à questão "quem devemos favorecer" é exemplificada por Robert A. G. Monks[2], que argumenta que os pensionistas são os acionistas cujos interesses devem ser atendidos no grau máximo.

Definindo o Peso Relativo

Tendo examinado os resultados possíveis e a variedade de desejos dos proprietários-destinatários, o conselho, para formular os fins da empresa, decide quanto ao peso relativo dos diversos resultados desejados. Ao optar por uma definição de resultados em lugar de outra, o conselho está optando pelos desejos de alguns proprietários em detrimento de outros — e, portanto, por alguns resultados em detrimento de outros. Por essa razão, definir o componente "peso relativo" é a culminação das decisões do conselho quanto aos outros dois componentes.

Atingir os resultados maiores e de longo prazo desejados por uma determinada classe de acionistas pode parecer de valor suficiente para justificar também a aceitação de resultados menores e de curto prazo que uma outra classe de acionistas deseje evitar. Boa parte da contribuição de liderança de um conselho vem da capacidade de se distanciar e observar o quadro maior, de longo prazo. As decisões de fins do conselho têm implicações não apenas para o direcionamento dos esforços de toda a empresa como também para a identificação do tipo de limites que o conselho vai impor, em seguida, à administração. Um conselho que esteja, por exemplo, construindo um valor de longo prazo para o proprietário estará especialmente interessado em assegurar que a empresa adote meios prudentes e éticos em suas finanças, assim como no relacionamento com os clientes, os empregados, os fornecedores e a comunidade em geral.

Não cabe a nós dizer a nenhum conselho quais são os fins certos. As escolhas envolvidas são muitas vezes difíceis, mas um conselho responsável não pode optar por *não* escolher. Apresentamos aqui diversas definições de caráter financeiro do valor para o proprietário, expressas no nível mais geral, para fornecer exemplos concretos de políticas de Fins que abrangem todos os três componentes.

- O valor final de cada ação, acrescido dos dividendos, consistirá em no mínimo _____ de retorno sobre o investimento do acionista.
- A companhia deverá se classificar entre o terço superior de empresas de melhor geração de retorno para o acionista a cada período completo, desde que esse retorno seja superior ao custo do capital.
- A taxa composta de crescimento, em ganhos anuais por ação, não poderá ser inferior a _____ ao ano, a partir do ano de _____, inclusive.
- O preço da ação oscilará a uma taxa superior à taxa de crescimento do preço da ação (ou inferior à taxa de redução do preço) do índice ponderado composto dos quatro maiores concorrentes da companhia.
- O retorno sobre o capital investido deve constituir pelo menos _____ por ano a cada ciclo de quatro anos.

São exemplos das espécies de declarações finais que um conselho pode elaborar depois de examinar, explícita ou implicitamente, o peso relativo dos diferentes resultados e destinatários. Recomendamos que o conselho examine todos os componentes de modo explícito, pois só assim o conselho poderá alegar estar exercitando sua autoridade para comandar a empresa de maneira atenta e deliberada.

Delimitando os Meios da Administração

Embora os fins da empresa constituam o ponto crucial das expectativas do conselho em relação ao CEO, eles não são tudo. Afinal, o CEO e seus subordinados, ao fazer uso da autoridade outorgada pelo conselho para a realização dos fins, vão tomar incontáveis decisões a respeito dos métodos, práticas, atividades e condução dos negócios. Qual é o melhor meio de capitalizar um risco? Como se deve dispor o organograma da empresa? A produção da empresa deve estar mais próxima da matéria-prima ou dos mercados? Ela deve ter sua própria frota ou alugá-la? Produzir ou comprar esse componente? Até que ponto deve conciliar as exigências dos sindicatos? Deve optar pelo auto-seguro? Os planejamentos de pessoal, contabilidade, produção, *design* de produtos, *marketing* e remuneração são todos meios. A empresa não existe para nenhum item desse vasto complexo de coisas — mas todas elas são cruciais para o sucesso da empresa.

A Eficiência dos Meios se Manifesta nos Fins

A maior parte das decisões tomadas numa empresa são decisões de meios, e a maior parte dos funcionários foi contratada por sua especialidade em lidar com meios específicos. Mesmo assim, para os proprietários, os meios em si mesmos não têm nenhum valor essencial. Se o valor aceitável da ação não for produzido, os proprietários não vão ficar muito satisfeitos por saber que o plano de remuneração é o mais inteligente do mercado, ou que o fluxo dos insumos no chão da fábrica é um planejamento de puro gênio. Do ponto de vista dos acionistas, a empresa não ganha crédito pelos meios, mas somente pelos fins. O conselho, refletindo essa dura realidade em sua função de representante dos proprietários, não deve aplaudir o CEO pelos meios, mas somente pelos fins. Se os fins são atingidos, é preciso concluir que os meios são suficientes. Portanto, o sucesso dos meios, em termos de realização dos fins desejados, é julgado não pelo exame dos meios, mas dos fins.

Mas Alguns Meios São Sempre Inaceitáveis

Na teoria, portanto, um conselho que quisesse controlar somente o que ele *deve* controlar (e não tudo o que ele *pode* controlar) estaria simplesmente definindo e exigindo um desempenho de fins, avaliando e recompensando esse desempenho e dizendo que cumpriu sua tarefa de governança. Se a *eficiência* dos meios fosse a única preocupação, seria o caso. Mas não é tão simples, é claro, porque *certos meios eficientes não são aceitáveis por razões de ética ou probidade.*

Falando francamente, as empresas enfrentam problemas financeiros, jurídicos e sociais por causa de seus meios com quase tanta freqüência quanto por deixar de gerar o valor acionário adequado. Investimentos ou aquisições de capital imprudentes, práticas de contabilidade duvidosas, poluentes que destroem o meio ambiente e uma infinidade de outros erros podem gerar enormes dificuldades e embaraços para a empresa. Portanto, o conselho deve, apesar de tudo, exercer controle dos meios da empresa.

Delineando os Limites dos Meios Administrativos

A melhor maneira de um conselho identificar os meios que deseja controlar é perguntando a si mesmo: "Quais são as situações, atividades ou decisões da administração que seriam indesejáveis para nós, mesmo que funcionassem? Mesmo que os fins possam ser atingidos, quais os riscos, as violações da ética e os atos impróprios que o conselho prefere excluir?" O conselho, então, deve expressar todas as limitações da autoridade da administração como negativas verbais — como "não farás". Isso permite ao conselho, depois de limitar tudo o que julgar necessário, transmitir ao CEO a mensagem positiva de que tudo o mais está de fato previamente autorizado. Em outras palavras, se o conselho não tiver declarado que determinada situação, atividade, conduta ou decisão é inaceitável, ela será automaticamente aceitável ("se nós não dissemos que você não pode, você pode"). Em vez de receber do conselho uma autoridade aos pedaços, o CEO recebe toda a autoridade, exceto para aquilo que o conselho proibiu expressamente. E, é claro, limitar o CEO é limitar a empresa inteira, e não apenas o CEO pessoalmente.

Em nossa experiência, saber claramente o que o conselho considera inaceitável (e, portanto, expressa negativamente) é experimentado psicologicamente pelos CEOs como algo positivo. Ao saber isso, o CEO sabe que, desde que se observem as restrições definidas nas políticas de Limitações Administrativas, tudo o que ele fizer será aceitável. Além disso, o CEO não precisa viver com a sensação, realmente desagradável, de que há um machado pairando sobre a sua cabeça e de que esse pode ser brandido a qualquer momento por razões imprevisíveis. O conceito de liberdade limitada pelas Políticas de Governança, o qual deriva de proscrições cuidadosamente elaboradas e abertamente fundamentadas, otimiza ao mesmo tempo o controle do conselho e o campo de liberdade do CEO.

Como Preservar a Criatividade e a Agilidade da Administração

Os CEOs funcionam melhor quando os impedimentos — incluindo intromissões desnecessárias do conselho e de seus membros — são reduzidos ao mínimo. Trabalham melhor com liberdade para tomar decisões, tentar novas abordagens, delegar amplamente para seus subordinados e reagir com rapidez a oportunidades e ameaças imprevistas. Quanto mais o conselho se envolver em decisões dessa espécie, maior será o risco de desenvolver os traços de um comitê no papel de CEO. O controle prescritivo dos meios do CEO é o tipo de controle mais opressivo e prejudicial à administração que o conselho pode exercer. Como os conselhos vêm sendo advertidos, por uma crescente literatura, a se tornar mais ativos, será uma pena se os conselheiros vierem a sentir que precisam ter um envolvimento direto nas decisões da administração, ou se deixarem levar pela síndrome da aprovação.

Síndrome da aprovação quer dizer a prática comum em que o CEO submete cada projeto ao conselho para aprovação. Se o conselho retém a autoridade para aprovar em relação a um tópico, presume-se que ele retém também a autoridade para desaprovar. No entanto, nas práticas de aprovação comuns, o conselho não expõe os critérios pelos quais ele vai aprovar ou desaprovar cada projeto. Em outras palavras, o projeto do CEO está sendo julgado com base em critérios jamais declarados, ou jamais declarados por completo. Além disso, mesmo depois de uma aprovação, em geral não fica claro quais eram os critérios — pois o conselho não vota com base em critérios, mas no documento. O CEO sabe quando o conselho ficou satisfeito, mas precisa tentar adivinhar o que o teria deixado insatisfeito.

Como regra geral, o conselho retém a autoridade para aprovar quando não se deu ao trabalho de delinear os critérios de aprovação. Quando o conselho enfrenta o incômodo de ter de ler, estudar e aprovar, isso não é sinal de que ele fez o trabalho que lhe compete. É sinal de que não fez o trabalho. Quando o trabalho de governança — tal como definido aqui — foi feito, o CEO saberá de todos os pré-requisitos desde o começo. Então, a inspeção do assunto pelo conselho, se necessária de algum modo, se concentrará inteiramente nuns poucos aspectos — aqueles a respeito dos quais o conselho deseja controlar o suficiente a ponto de ter elaborado critérios (sob a forma da linguagem das políticas) antecipadamente. Esse método evita tanto o mero assinar papéis (quando o conselho não leva a sério o processo de aprovação) quanto a microadministração (quando os conselheiros ficam esmiuçando cada trecho do documento que lhes interesse).

Assim, o método de controle dos meios administrativos das Políticas de Governança pode ser descrito do seguinte modo: embora deva declarar prescritivamente quais são os fins esperados, *o conselho deve se abster quanto aos meios administrativos, exceto para proibir os que forem inaceitáveis*. Esse método de controle é como permitir que um cavalo trote o quanto quiser, desde que fique no pasto — ao contrário de conduzi-lo pelo arreio e determinar para onde ele deve ir, ou, prosseguindo com a analogia, exigir que o cavalo obtenha a aprovação do cavaleiro quanto a onde ele quer ficar.

Como Obter Informações para Elaborar Políticas

Elaborar políticas de Fins e de Limitações Administrativas que englobem todos os aspectos do desempenho da empresa é uma tarefa de grande envergadura, sem dúvida — especialmente se levarmos em conta o amplo espectro de assuntos a ser englobados e o distanciamento do conselho em relação aos atos da empresa no dia-a-dia. Para tomar decisões políticas, o conselho deve estar adequadamente informado — embora pareça difícil para um conselho certificar-se se está ou não *suficientemente* informado. O tópico das necessidades de informação do conselho será abordado mais extensamente no capítulo seguinte, mas vamos introduzi-lo brevemente aqui, devido à importância do tema da informação na determinação tanto dos fins quanto das limitações administrativas.

O sistema de Políticas de Governança permite que um conselho tome suas decisões, primeiro, no nível mais geral, alavancando todas as outras decisões da empresa com uns poucos dispositivos políticos de controle. Nos níveis mais gerais das políticas, é perfeitamente possível para o conselho saber o que quer e o que não quer. O conselho não precisa de muitas informações sobre como produzir uma peça ou operar uma fábrica. O conselho precisa, isso sim, decidir *para que* produzir peças ou operar fábricas e quais os riscos que quer que a empresa evite ao longo do caminho. Para tomar esse gênero de decisões, o conselho precisa saber o que está acontecendo fora da empresa, tanto quanto dentro dela. A competência do conselho nas Políticas de Governança não consiste em espelhar a competência da administração. Consiste em determinar e monitorar a estrutura em que será exercida a competência da administração. O conselho certamente precisa de informações — mas de informações para suas próprias finalidades, como explicaremos no capítulo seguinte.

Elaborando Políticas de Fins

Estruturar os fins pode muito bem ser o maior desafio para um conselho. Uma vez estabelecidos — e supondo que o conselho tenha optado por pensar a longo prazo —, os fins poderão permanecer razoavelmente estáveis durante alguns anos. Mesmo assim, no entanto, é essencial que o conselho monitore rotineiramente a realização dos fins pelo CEO e reexamine regularmente os pressupostos com base nos quais tomou suas decisões.

Os conselhos tendem a apresentar uma maior diversidade de expectativas em relação aos fins desejáveis do que aos meios inaceitáveis. Portanto, a chance de nossos exemplos de políticas de Fins serem diretamente relevantes para uma determinada empresa será menor do que a de nossos outros exemplos. Apesar disso, ainda assim são modelos úteis. (As duas políticas de Fins apresentadas neste capítulo são especialmente relevantes para empresas de capital aberto. O Apêndice E fornece também exemplos de políticas de Fins para uma empresa familiar, uma empresa iniciante com dois proprietários e uma empresa com um só proprietário.)

Cada um de nossos exemplos (Quadros 5.1 e 5.2) — "Valor das Ações" [Versão 1] e "Valor das Ações" [Versão 2] — começa, evidente-

Quadro 5.1. Política de Fins "Valor das Ações" [Versão 1].

O objetivo último da companhia é proporcionar ganhos econômicos para seus acionistas.

1. A companhia deverá atingir uma taxa composta de crescimento de ___%, em ganhos anuais por ação, a partir de [*ano*] e a cada ano subseqüente.
   A. Ao término do ano de [*aquele ano menos 3*], o desempenho deverá ser de no mínimo ___%.
   B. Ao término do ano de [*aquele ano menos 1*], o desempenho deverá ser de no mínimo ___%.

Quadro 5.2. Política de Fins "Valor das Ações" [Versão 2].

O objetivo último da empresa é proporcionar ao acionista um retorno sobre o capital superior ao retorno dos investimentos com perfis de risco semelhantes.

1. Entre os fatores de risco que serão adotados para comparação incluem-se a extensão, a área e o vencimento de mercado semelhantes.
2. Retorno superior significa acima da mediana de tais empresas, e não acima da média.

mente, no nível mais geral. Os dois conselhos que redigiram essas políticas possuem concepções nitidamente diferentes de qual deve ser o valor para o proprietário. Basta refletir um pouco sobre as diferentes atuações exigidas do CEO para realizar cada uma dessas políticas para se ter uma idéia da poderosa alavancagem que pode derivar de umas poucas e breves declarações de políticas.

O mais comum é que os conselhos de administração tenham muito menos a dizer em suas políticas de Fins do que nas outras categorias. (Os conselhos de entidades não-lucrativas e governamentais, porém, normalmente têm muito mais a dizer em suas políticas de Fins do que os conselhos de empresas privadas.) A Figura 5.1 ilustra a categoria de Fins concluída num nível de detalhe relativamente comum.

Figura 5.1. Finalização das Políticas de Fins.

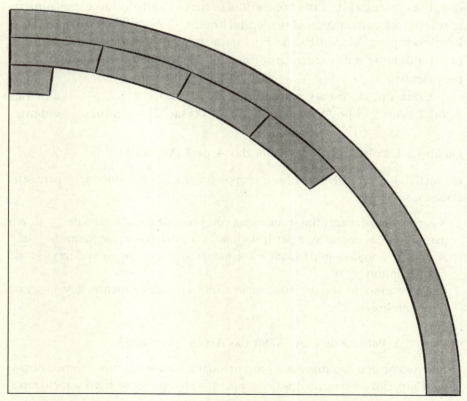

O conselho estabeleceu suas políticas de Fins com aprofundamento suficiente para que todas as decisões ou escolhas tomadas por um delegado sejam aceitáveis para o conselho, desde que sejam interpretações razoáveis de suas palavras. Com isso, o conselho pode delegar com segurança todas as decisões posteriores dessa categoria. O provável é que o conselho de uma empresa não precise ir além do segundo nível de aprofundamento nessas políticas.

Declarações de Missão e Planos Estratégicos

É preciso acrescentar aqui algumas palavras sobre as declarações de missão e os planos estratégicos que muitas empresas desenvolvem. As declarações de missão são redigidas em formatos variados, em geral pela administração. Muitas são inspiradoras, muitas são retoricamente agradáveis; todas exigem um certo investimento de tempo e cuidado. Pode-se perguntar se uma forma mais curta de declaração de missão difere, de algum modo, da expressão global, ou geral, dos Fins. As duas não têm relação alguma, na verdade! Raramente as declarações mais comuns de missão se encaixam na fórmula resultados-destinatários-peso que distingue as políticas de Fins de uma fixação comum de objetivos. A necessidade que a política de Fins tem de ser crua e direta em sua clareza normalmente exclui sua utilização como declaração de missão inspiradora.

Em outras palavras, as declarações de missão da empresa, do modo como normalmente concebidas, têm pouco ou nada a ver com governança e muito a ver com administração. A obrigação do conselho para com os proprietários é assegurar que a administração saiba com precisão — e seja avaliada rotineiramente com base nisso — qual é o valor que deve ser produzido; o conselho não é obrigado a elaborar uma declaração inspiradora, para inserir nas brochuras e relatórios anuais ou decorar as paredes do escritório. A administração é perfeitamente capaz de produzir declarações inspiradoras e bonitas — e, de qualquer modo, é provavelmente da administração que partem essas declarações, desde o princípio. Uma declaração de missão redigida pela diretoria para influenciar os empregados e clientes é, sem dúvida, uma boa idéia; mas essa declaração não constitui uma duplicata dos Fins do conselho nem dispensa o conselho de sua tarefa de declarar esses Fins numa linguagem crua. A solução das Políticas de Governança, portanto, é deixar a tarefa de redigir a missão para a administração, enquanto o conselho vai cumprindo seu dever em relação aos fins — sem enfeites, orientando a empresa e exigindo desempenho.

A aprovação de planos estratégicos é um outro modo comum de os conselhos se envolverem na fixação de objetivos. O conteúdo dos planos estratégicos, porém, geralmente se relaciona sobretudo aos meios, e os elementos de fins incluídos são muitas vezes obscuros e imprecisos. Em outras palavras, planos estratégicos não são documentos de governança, porque normalmente não dizem o bastante sobre para que é a empresa, mas dizem muito sobre o que a empresa vai fazer. Conselhos que aprovem planos estratégicos estarão simplesmente aprovando opções de meios administrativos, em vez de definir o que essas opções devem concretizar e permitir, em seguida, que a administração use sua experiência, seu conhecimento e seu talento para escolher as opções que julgar adequadas.

Elaborando Políticas de Limitações Administrativas

As Limitações Administrativas são a categoria política na qual o conselho pode dizer tudo o que tenha a dizer quanto a fluxo de caixa, orçamentos, cumprimento de exigências legais e regulamentares, tratamento dos clientes, questões trabalhistas, alianças, preocupações com o meio ambiente e todas as demais áreas em que as coisas possam dar errado ou ser inaceitáveis. Como em qualquer elaboração de políticas, é vital que o conselho se atenha à disciplina sistemática de partir do nível mais geral — a fim de incluir tudo o que deva ser incluído e não dizer nada além do que precise ser dito. Perceba, nos exemplos a seguir, como abordar os valores mais gerais subjacentes às decisões proporciona clareza aos tópicos essenciais e gera instruções bastante claras com um mínimo de palavras.

O exemplo de preâmbulo geral e includente de Limitações Administrativas (Quadro 5.3), "Restrições Executivas Básicas", capta, no ní-

**Quadro 5.3. Política de Limitações Administrativas
"Restrições Executivas Básicas".**

O CEO não causará ou permitirá qualquer prática, atividade, decisão ou circunstância organizacional que seja ilícita ou imprudente ou que viole a ética empresarial e profissional ou os princípios contábeis geralmente aceitos. Especificamente, mas sem exaurir o conteúdo da proibição acima:

1. **Tratamento dos Grupos com Interesse na Organização.** Em relação às interações com os parceiros comerciais, os órgãos de regulamentação, os fornecedores, a comunidade local e o meio ambiente, o CEO não causará ou permitirá condições, procedimentos ou decisões que sejam perigosos, indignos ou desnecessariamente intromissivos.
2. **Tratamento dos Empregados.** Em relação ao tratamento dos empregados, o CEO não poderá causar ou permitir condições que sejam perigosas, injustas ou indignas.
3. **Planejamento Financeiro e Orçamento.** O planejamento financeiro de qualquer ano fiscal ou da parte remanescente de qualquer ano fiscal não exporá a risco de perdas fiscais, não deixará de derivar de um plano plurianual e não deixará de ser consistente com o desempenho da empresa determinada pelas demais políticas de Limitações Administrativas e de Fins.

4. **Condições e Atividades Financeiras.** Em relação às condições e atividades financeiras atuais e correntes, o CEO não causará ou permitirá que ocorram perdas fiscais, responsabilizações fiduciárias por assunção de compromissos ou desvios substanciais das políticas de Fins do conselho.

5. **Perda Repentina do CEO.** O CEO não deixará de proteger a empresa da perda de seu CEO.

6. **Proteção dos Ativos.** O CEO não permitirá que os ativos da companhia estejam desprotegidos, conservados inadequadamente ou expostos a riscos desnecessários.

7. **Investimentos.** O CEO não deixará de investir o excedente de fundos da empresa a fim de maximizar a margem de lucro líquida, mas, ao fazê-lo, não exporá a risco de perda do principal ou da manutenção da liquidez apropriada.

8. **Remunerações e Benefícios.** Em relação ao recrutamento, à remuneração e aos benefícios dos empregados, consultores e trabalhadores terceirizados, o CEO não causará ou permitirá danos de curto ou longo prazo à integridade fiscal ou à imagem da companhia.

9. **Informação e Suporte ao Conselho.** O CEO não permitirá que o conselho seja privado de informações ou de suporte para o seu trabalho.

10. **Negociação de Valores Mobiliários da Empresa.** O CEO não permitirá que o pessoal administrativo negocie valores mobiliários da empresa sob um código de integridade menos rigoroso do que aquele que o conselho adotou para si próprio.

11. **Diversificação.** O CEO não exporá a risco o futuro da companhia pela ausência de diversificação.

12. **Relacionamento com os Acionistas.** A relação do CEO com os acionistas não violará os mais elevados padrões de transparência e responsabilidade nem obstruirá o papel do conselho como representante dos acionistas.

vel mais geral, *tudo* o que o conselho possa querer proibir. O efeito é que, ao menos no nível geral, não há nenhum tópico relativo aos meios administrativos em relação ao qual o conselho não tenha, nesse ponto, estabelecido um controle. Em seguida, o conselho prossegue definindo melhor sua proibição geral e, "sem esgotar o conteúdo da [proibição geral] com a enumeração a seguir", tratando de alguns assuntos em maiores detalhes. Em seguida, prossegue excluindo especificamente uma parte da liberdade de interpretação que o CEO teria, se o conselho se detivesse no nível geral. Conforme a regra que já expusemos, a partir do ponto em que o conselho se cala em suas políticas, o CEO tem a liberdade de fazer *qualquer* interpretação razoável das palavras do conselho.

O conselho poderá, depois, passar para o nível seguinte de especificidade em um ou mais dos tópicos de segundo nível dessa política de

"Restrições Executivas Básicas", novamente sem exaurir o conteúdo das disposições mais gerais. As políticas de "Condições e Atividades Financeiras" (Quadro 5.4) e "Informação e Suporte ao Conselho" (Quadro 5.5) fornecem exemplos mais detalhados desse procedimento. (Os exemplos de Limitações Administrativas do Apêndice E abrangem tópicos como proteção dos ativos, negociação de valores mobiliários da empresa, diversificação e tratamento dos acionistas, da equipe e dos demais grupos com interesse na organização. Nós constatamos que essas políticas são amplamente aplicáveis entre os conselhos, mas é inevitável — e inteiramente correto — que cada conselho produza suas próprias versões.)

Condições e Atividades Financeiras

A situação e as operações financeiras correntes da empresa estão entre as primeiras preocupações do conselho. Para ter a sensação de controlar essa área crucial, os conselhos, na maioria dos casos, contam com relatórios financeiros relativamente padronizados, contendo principalmente dados históricos e apresentados pelo CEO ou sob autorização de-

Quadro 5.4. Política de Limitações Administrativas "Condições e Atividades Financeiras".

Em relação às condições e atividades financeiras atuais e correntes, o CEO não causará ou permitirá que ocorram perdas fiscais, responsabilizações fiduciárias por assunção de compromissos ou desvios substanciais das políticas de Fins do conselho.

Especificamente, mas sem exaurir o conteúdo da proibição acima:

1. Manter contas de reservas com o propósito de administrar ganhos para atender a expectativas do mercado ou para outros propósitos questionáveis.
2. Operar a companhia de modo a fazer com que ela deixe de cumprir qualquer de suas obrigações financeiras.
3. Deixar de observar [padrões contábeis aplicáveis] na manutenção dos registros financeiros da companhia.
4. Deixar de honrar pontualmente a folha de pagamento e as dívidas.
5. Permitir que os pagamentos de tributos ou demais pagamentos ou obrigações ordenados pelo poder público sejam feitos com atraso ou com imprecisão.
6. Fazer uma compra única ou assumir um compromisso único em valor superior a [quantia em dinheiro]. Não serão aceitáveis encomendas parciais para se evitar esse limite.
7. Deixar de cobrar agressivamente os recebíveis depois de um período de espera razoável.

Quadro 5.5. Política de Limitações Administrativas "Informação e Suporte ao Conselho".

O CEO não permitirá que o conselho seja privado de informações ou de suporte para o seu trabalho.

Especificamente, mas sem exaurir o conteúdo da proibição acima, o CEO não deverá

1. Deixar de apresentar os dados de monitoramento necessários ao conselho, de modo pontual, preciso e inteligível (ver a política de "Monitoramento do Desempenho do CEO"), e diretamente relacionados às provisões das políticas do conselho que estiverem sendo monitoradas.
2. Deixar de reportar em tempo todo descumprimento atual ou previsível de qualquer política do conselho.
3. Deixar de comunicar ao conselho as tendências relevantes, as coberturas jornalísticas adversas, os processos judiciais ameaçados ou pendentes, os históricos de todos os membros relevantes da administração, as questões significativas com os principais parceiros comerciais e as mudanças externas e internas substanciais, especialmente as mudanças nos pressupostos a partir dos quais tenha sido estabelecida anteriormente qualquer política do conselho.
4. Deixar de advertir o conselho se, na opinião do CEO, o conselho não estiver cumprindo suas próprias políticas de Processo de Governança e Delegação Conselho-Diretoria, especialmente no caso de conduta do conselho prejudicial às relações entre o conselho e o CEO.
5. Deixar de expor ao conselho todos os pontos de vista, questões e opções, administrativos e externos, que o conselho determine como necessários a uma tomada de decisões plenamente informada por parte do conselho.
6. Apresentar informações de modo desnecessariamente complexo ou extenso, ou sob uma forma que não diferencie entre três espécies de informações: de monitoramento, de preparação de decisões e outras.
7. Deixar de providenciar mecanismos para as reuniões do conselho e dos comitês; para os comunicados oficiais do conselho e de seus representantes e comitês; para a manutenção de registros precisos do conselho e dos conselheiros; e para os documentos do conselho exigidos por lei ou que o conselho julgar adequados.
8. Revelar seletivamente informações corporativas a conselheiros ou investidores individuais, exceto no caso de respostas a representantes ou comitês devidamente nomeados pelo conselho.
9. Deixar de apresentar as decisões do CEO, juntamente com os dados de monitoramento aplicáveis, para a pauta de deliberações do conselho a respeito das decisões que foram delegadas ao CEO mas que, por lei ou contrato, exijam a aprovação do conselho.

le. Na estrutura das Políticas de Governança, o conselho concebe e declara antecipadamente quais são as situações ou operações financeiras inaceitáveis. Todas as infinitas operações e variações financeiras que forem normais nos negócios e que não violem essas restrições serão normais e aceitáveis, por definição. O conselho expressa esses limites de aceitabilidade financeira em suas políticas de Limitações Administrativas — entre elas, por exemplo, a exibida no Quadro 5.4.

O conselho poderá, em seguida, decidir que os dispositivos dessa política de "Condições e Atividades Financeiras" são insuficientes. Mesmo tendo em mente que a administração das finanças deverá também atender às exigências mais gerais declaradas na política de Limitações Administrativas (Quadro 5.3), o conselho talvez decida entrar em maiores detalhes, adaptando a política às circunstâncias e aos riscos detectados específicos da empresa.

Informação e Suporte ao Conselho

A política de "Informação e Suporte ao Conselho" (Quadro 5.5) anuncia que é inaceitável para a administração prover informação e suporte insuficientes ao trabalho do conselho. A informação, como esclarece a política, inclui dados de avaliação do cumprimento das políticas, fatos para prevenir o conselho quanto a descumprimentos previsíveis, conhecimento de desdobramentos que possam afetar negativamente a empresa e quaisquer outros dados capazes de fazer com que o conselho reexamine suas políticas. O suporte inclui o amparo mecânico e logístico de que qualquer conselho precisa para cumprir sua tarefa.

Enquanto a política ilustrada no Quadro 5.3 preenche os dois níveis exteriores do círculo de políticas (mais ou menos como na figura 5.2), o aspecto visual, quando todas as políticas de Limitações Administrativas estiverem completas, será semelhante ao da Figura 5.3.

Interpretação das Políticas de Fins e de Limitações Administrativas

Uma vez que as categorias políticas dos Fins e das Limitações Administrativas governam a atuação do CEO e de todo o restante da administração, o poder de interpretação razoável pertence ao CEO — uma autoridade explicitamente fixada na política de Delegação Conselho/Diretoria (Quadro 4.1). Portanto, depois que o conselho tiver tomado suas decisões quanto aos Fins e às Limitações Administrativas, qualquer que seja o nível de detalhamento que escolher, o CEO estará autorizado a tomar todas

Figura 5.2. Políticas de Limitações Administrativas: Níveis 1 e 2.

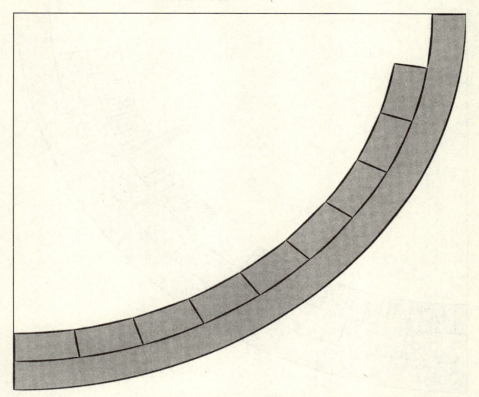

O conselho elaborou o nível global e o nível subseqüente de detalhamento de suas políticas de Limitações Administrativas. Com a linguagem das políticas transportada para o segundo nível, a proscrição global de determinados meios administrativos foi estendida a certas áreas específicas, como a proteção de ativos, o orçamento e o tratamento dos empregados.

as decisões posteriores quanto a esses tópicos, desde que essas decisões constituam uma interpretação razoável das palavras do conselho.

Os Domínios da Autoridade do CEO e do Presidente do Conselho

A Figura 5.4 é um esboço de como pode ser um círculo completo de políticas. O conselho concluiu seu trabalho em cada um dos quadrantes de políticas, no nível mais geral e no nível de detalhamento que tenha escolhido, qualquer que seja. Normalmente um manual de políticas de um conselho teria mais ou menos a extensão do conjunto de exemplos de políticas do Apêndice E. Cada política deve informar a categoria a que pertence, a data de adoção e as datas de todas as alterações.

Figura 5.3. Finalização das Políticas de Limitações Administrativas.

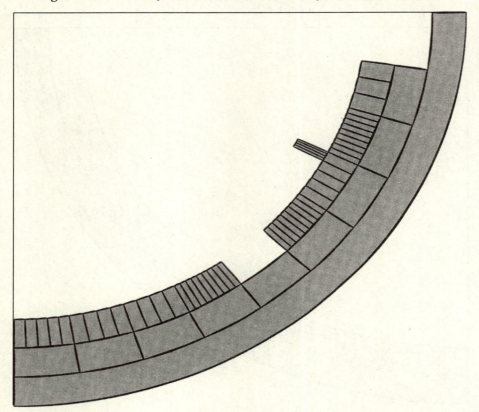

As políticas de Limitações Administrativas, uma vez finalizadas, abrangem todas as preocupações possíveis do conselho quanto aos meios administrativos, porque partem do nível mais geral (englobando tudo) e se estendem até o nível de especificidade desejado. Nesse ponto, o conselho considera seguro dizer que o CEO está automaticamente autorizado a tomar todas as decisões quanto aos meios administrativos não proibidas por essas políticas.

Já explicamos, nos dois capítulos anteriores, que o presidente está autorizado a interpretar as palavras do conselho e agir a partir daí, conforme as políticas de Processo de Governança e de Delegação Conselho/Diretoria. Neste capítulo, afirmamos que o CEO está autorizado a interpretar as palavras do conselho e agir a partir daí, conforme as políticas de Fins e de Limitações Administrativas.

A esquematização visual demonstra como essa divisão da autoridade resulta em domínios distintos para o presidente e o CEO, onde cada um deles toma suas decisões — sempre, é claro, dentro de uma interpretação razoável das políticas do conselho aplicáveis. O presidente e o CEO

DETERMINANDO AS EXPECTATIVAS DE DESEMPENHO DA ADMINISTRAÇÃO 101

Figura 5.4. Exemplo de Perfil de Políticas do Conselho Finalizado em Todas as Categorias.

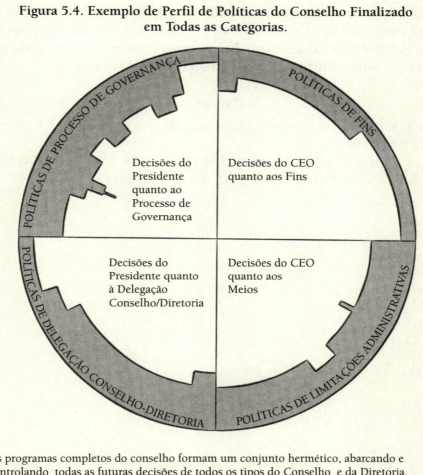

Os programas completos do conselho formam um conjunto hermético, abarcando e controlando todas as futuras decisões de todos os tipos do Conselho e da Diretoria. Tendo estabelecido os maiores valores para a corporação e tendo deixado essa definição no nível onde ela permite qualquer interpretação razoável, por um lado o Conselho definiu os domínios do Conselho e da sua presidência e, por outro, os domínios do CEO. O Conselho reserva-se o direito de mudar o conteúdo e a profundidade do programa.

não são cargos dispostos hierarquicamente, mas sim adjacentes, cada qual com seu papel distinto e importante a desempenhar. O CEO não tem autoridade ou responsabilidade no lado esquerdo do círculo. O presidente não tem autoridade ou responsabilidade no lado direito.

Progredindo com Base no que já Foi Feito

Este capítulo descreveu como o conselho pode comandar o desempenho da empresa definindo o que espera do CEO. Essas expectativas assumem a forma de fins que o conselho exige que se realizem e de limites que o conselho impõe às alternativas e condições dos meios à disposição do CEO. No capítulo seguinte, discutiremos como o conselho pode garantir que suas políticas estão de fato sendo postas em prática.

Notas

1. A. Cadbury, *The Company Chairman*, 2ª ed. (Hemel Hempstead, U. K.: Director Books, 1995), p. 14.

2. R. A. G. Monks, "Shareholder Activism: A Reality Check", *The Corporate Board*, 2001, 22(129), 23-26.

Capítulo 6

COMO RELATAR O DESEMPENHO DO CONSELHO E DA ADMINISTRAÇÃO

Não comande o que você não for capaz de fazer cumprir.
— *Sófocles*[1]

Neste Capítulo

- Por que o excesso de informações pode ser pior do que a ausência total
- Como Elaborar relatórios de monitoramento de desempenho
- Avaliando o CEO

O modelo das Políticas de Governança permite que um conselho comande o desempenho da empresa por meio de políticas sucintamente elaboradas, que ao mesmo tempo preservam a disciplina do próprio conselho e instruem o CEO. No abrangente sistema de políticas das Políticas de Governança, essas políticas contêm todas as decisões do conselho. Como a função do conselho é transformar os desejos dos proprietários em desempenho da empresa, uma governança adequada requer responsabilidade do CEO perante o conselho e, em seguida, responsabilidade do conselho perante os proprietários. Os relatórios constituem o mecanismo pelo qual as informações necessárias a essa responsabilidade são reunidas e comunicadas.

Questões Relativas à Informação para a Governança

A informação para a governança apresenta problemas para os conselhos, para os CEOs e, em última análise, para os proprietários. Os mais inquietantes são os problemas de como lidar com o volume total de informações, de como utilizar adequadamente as várias espécies de informação e de como obter informações tanto de fontes externas quanto internas.

Sobrecarga de Informação

Provavelmente não há função de governança com a qual os conselhos tenham mais familiaridade do que o relatório. Em geral os relatórios tomam a forma de materiais enviados para os conselheiros, antes da reunião do conselho, e de apresentações feitas pessoalmente pelos executivos, durante a reunião. A quantidade de tempo dedicada à absorção das informações, antes e durante a reunião do conselho, pode ser bem maior do que o tempo dedicado às discussões, durante a reunião. E sempre há o risco de o reexame do passado consumir o tempo necessário à deliberação e ao delineamento das expectativas para o futuro. Como o tempo e a energia do conselho são limitados, é importante que a atenção dos diretores se concentre nos assuntos certos e seja empregada com eficiência.

Concentrar-se nos assuntos certos é muito mais difícil quando o conselho tem informações demais. O conselho, até por ser responsável por tudo o que a empresa é e faz, se interessa potencialmente por qualquer coisa. Na prática, as informações que o conselho recebe são filtradas pela administração sênior, de modo que elas chegam ao conselho mais pelo varejo do que pelo atacado. A desvantagem desse quadro é que, na ausência de instruções precisas do conselho, o CEO termina decidindo o que merece e o que não merece ser relatado. Mesmo o mais escrupuloso e diligente dos CEOs pode estar sujeito a acusações de manipulação e controle de informações, e o melhor dos conselhos pode ser criticado por subserviência ao controle de informações pela administração.

Quando não sabem especificar com precisão quais as informações de que necessitam, certos conselhos solicitam muito mais informação do que seriam realisticamente capazes de digerir. Alguns CEOs, não há dúvida, fornecem mais do que os conselheiros seriam realisticamente capazes de digerir, mesmo que isso não tenha sido solicitado. Quando dispõem de excesso de informação, os conselheiros podem experimentar uma sensação de segurança — mas é uma sensação falsa, pois, estejam eles confundidos ou soterrados, estão deixando de admitir o que ainda não têm. Além disso, as informações importantes podem ter sido diluídas, ou mesmo totalmente encobertas, pela sobrecarga de informação. A sensação de não se saber o que realmente está acontecendo é um receio comum. Mas, enquanto não aprender a distinguir o que realmente precisa saber, o conselho terá dificuldade para encontrar um equilíbrio satisfatório entre informação demais e informação de menos.

O Uso das Informações

Pode também não estar claro para o conselho o que ele deve fazer com as informações que recebe. Como resultado disso, uma prática comum é que o conselheiro leia ou ouça adotando sua própria especialização e experiência como filtro, selecione os pontos que lhe parecerem importantes, faça as perguntas que lhe ocorrerem e, por fim, apresente sua opinião ou recomendação. Quando o debate vai até aí, o CEO ouve opiniões variadas, de conselheiros variados, e sai da reunião com algumas recomendações de pessoas experientes. No entanto, o CEO pode não ter certeza quanto ao grau em que ele está obrigado a agir conforme essas recomendações, e os conselheiros podem não ter certeza se abordaram ou não todos os tópicos importantes. Não é incomum, num cenário como esse, que os conselheiros participem de uma decisão administrativa — e o fazerem bem —, mas sem fazer absolutamente nenhuma governança.

A boa notícia é que suspeitamos que tem havido, nos últimos anos, um progresso na apresentação das informações para os conselhos, com claras indicações, quando cabíveis, daquelas que invocam uma decisão. E nós gostaríamos de levar essa tendência ainda além.

A Fonte das Informações

Suponhamos, então, que o conselho tenha plena consciência de que deve tomar uma decisão solicitada pelo CEO (e de que essa decisão realmente precisa ser tomada pelo conselho, sem ser um caso daquela síndrome de aprovação discutida no Capítulo 5). O conselho, então, lê ou ouve a apresentação do tema pela administração sênior, examina as opiniões dos vários conselheiros e chega a uma opinião majoritária. Um dos problemas desse cenário é que o conselho está reagindo exclusivamente às informações que vêm do CEO, em vez de se esforçar para obter informações de várias outras fontes — entre elas, os proprietários e os consultores especializados. Se o conselho está tomando decisões importantes sobre para que é a empresa ou sobre fontes de risco substancial, ele precisa não apenas de um certo volume de informação interna, mas também de um volume igual, ou maior, de informação provinda do ambiente em que opera a empresa. Para que a governança mereça o crédito dos proprietários, a opinião da administração, por mais importante que seja, não pode constituir a única fonte de informações.

Gêneros de Informações para a Governança

O sistema das Políticas de Governança considera que, para cumprir sua função de governança total, o conselho precisa de informações, primeiro, para ajudá-lo a elaborar políticas, e, segundo, para monitorá-las. Mais do que qualquer outra posição na empresa, o conselho trabalha quase que exclusivamente com informações. Ele não fabrica nada, não vende nada, não constrói nada. Ele reflete sobre as informações e toma decisões a respeito. O objetivo do conselho, ao reunir informações, não é satisfazer uma vã curiosidade ou suspeita, mas adquirir conhecimento, critério, certeza e precaução. As Políticas de Governança distinguem os gêneros de informações com base no uso que o conselho faz dessas informações. Os conselheiros estão acostumados a conceber os relatórios como informações sobre o tópico em questão — desenvolvimento de produtos ou planejamento de capital, por exemplo. As Políticas de Governança requerem que os diretores pensem, em primeiro lugar, na finalidade a que servirão as informações relatadas.

O conselho tem dois usos oficiais para as informações. Primeiro, ele precisa de *informações para decisão* — informações que lhe permitam tomar decisões. Segundo, ele precisa de *informações quanto ao desempenho* — dados que lhe permitam saber se a empresa está correspondendo às expectativas que o conselho fixou em suas políticas de Fins e de Limitações Administrativas. As primeiras preparam o conselho para determinar o futuro. As últimas permitem ao conselho julgar o passado. São os dois únicos tipos de informação necessários à governança.

Apesar disso, é claro, os membros do conselho são seres humanos, com variados interesses e curiosidades. Há outras coisas que eles querem saber — informações que vão além daquilo de que precisam para cumprir com sua responsabilidade de governança. Chamamos isso de *informações incidentais* — não para depreciá-las, mas como um reconhecimento de que elas são opcionais em relação à função do conselho.

Na governança tradicional, esse três gêneros de informações tendem a estar misturados, sem atenção aos seus usos bastante diversos. Assim, as informações financeiras apresentadas ao conselho podem conter, primeiro, informações que revelam se uma exigência anterior do conselho — um nível mínimo de liquidez, digamos — foi atendida ou não; segundo, informações que provêem o conhecimento necessário à atuação do conselho em relação, digamos, a uma declaração de dividendos sob estudo; terceiro, informações que não fazem nenhuma dessas duas coisas, mas que interessam pessoalmente a um ou mais conselheiros, ou a ninguém.

Em nome da clareza, do foco e da eficiência, as informações relatadas ao conselho devem ser subdivididas nas categorias *tomada de decisões, monitoramento do desempenho* e *incidentais*. É fácil subestimar o poder dessa simples classificação, e mais fácil ainda deixar de observá-la com rigor. O conselho deve assegurar que a informação chegue até ele com a categoria a que pertence essa informação claramente destacada (por qualquer método, desde que útil para o conselho). Com isso, os conselheiros poderão verificar facilmente se possuem as informações para decisão de que precisam para decidir, ou informações suficientes quanto ao desempenho para saber se o CEO está ou não cumprindo seu papel. Eles poderão também se perder nas informações incidentais, por interesse pessoal — depois de ter absoluta certeza de que suas obrigações oficiais estão sendo cumpridas.

Informações para Decisão: Informações para Exigir Realizações Futuras

Na estrutura das Políticas de Governança, com seu esquema de jogo de tigelas e suas quatro áreas temáticas exaustivas, todas as decisões que o conselho deve tomar se classificam entre as categorias políticas de Processo de Governança, Delegação Conselho/Diretoria, Fins e Limitações Administrativas. Quando o conselho reúne informação para tomar decisões, essas decisões dizem respeito a uma dessas quatro áreas.

Como a função do conselho é decidir e exigir, e não bisbilhotar e investigar, sua tomada de decisões é o que há de mais importante na empresa. Para tomar essas decisões de liderança com sabedoria, o conselho deve obter informações de todas as fontes que julgar suficientemente competentes, corretas e econômicas. As informações podem provir da administração, do mercado, dos proprietários, de consultores especializados e da experiência dos conselheiros.

Informações para Decidir as Políticas de Fins. Muitos conselhos possuem membros suficientemente experientes para uma discussão respeitável sobre os fins, sem contribuições de fora. Mas essa aparente auto-suficiência pode ser enganosa. O conselho deve adotar, no mínimo, o mesmo grau de *input* apropriado para especificar fins quanto, digamos, para conter riscos. É essencial que o conselho seja capaz de passar ao CEO instruções cuidadosamente refletidas e especificadas e, com isso, comandar o desempenho da empresa com sabedoria, nesse que é o mais importante de todos os temas corporativos.

Input *dos Proprietários*. Embora o conselho, moral e juridicamente, possa exercer uma grande dose de discricionariedade em sua escolha dos fins desejados, os conselheiros precisam ir além de suas experiências e filosofias pessoais quanto à geração de valor corporativo para que possam atingir o grau de sabedoria necessário à tomada de tais decisões. Como acionistas diferentes desejam valores diferentes, o conselho precisa *conhecer* os acionistas, em algum sentido razoável — é óbvio que um conselho de uma grande empresa de capital aberto não tem como se familiarizar com os proprietários do mesmo modo ou no mesmo grau em que os conselheiros de uma empresa de capital fechado.

De modo geral, os conselhos estão juridicamente obrigados a proporcionar a todos os acionistas os mesmos direitos básicos, mas os acionistas majoritários e certas classes de acionistas têm mais poder de voto do que os outros nas assembléias gerais. Nas reuniões do conselho, os votos de todos os conselheiros são equivalentes, e cada conselheiro está moralmente obrigado a agir em nome de todos os acionistas. Mas é fácil perceber que, na prática (e especialmente pelo fato de que alguns membros do conselho podem estar representando os acionistas mais importantes), o conselho pode negligenciar os interesses dos minoritários. Cada conselho precisa ponderar e chegar a decisões defensáveis quanto ao grau em que se pode presumir que os interesses dos acionistas minoritários são iguais aos interesses de todos os demais acionistas. Na medida em que o conselho tenha uma convicção ética de que os interesses dos minoritários precisam de proteção especial, ele deve fixar padrões pertinentes para si mesmo nas políticas de Processo de Governança.

A relação entre o conselho e os acionistas é menos de relações públicas do que de *input* e responsabilidade. A relação entre o CEO e os proprietários não é de *input* e responsabilidade (embora possa ser de relações públicas e de responsabilidade delegada pelo conselho quanto à mecânica logística, informacional e outras, necessárias para preservar as relações da empresa com seus investidores) — com uma exceção. A administração pode ser também encarregada (talvez na política de "Informação e Suporte ao Conselho" exemplificada no Quadro 5.5) da *mecânica* de coleta ou organização dos votos, opiniões ou sondagens dos acionistas.

Input *do Ambiente*. Além de conhecer as características e as necessidades expressas dos proprietários, o conselho deve se manter informado sobre determinadas mudanças no ambiente geral. Qual é, por exemplo, a lucratividade de outras empresas do mesmo ramo? Com que grau de especificidade se deve definir o grupo de referência? Quais as mudanças

COMO RELATAR O DESEMPENHO DO CONSELHO E DA ADMINISTRAÇÃO   **109**

tecnológicas ou competitivas que podem vir a alterar essas constatações, e em quanto tempo? Quais as mudanças no ambiente ou na empresa que podem fazer com que o conselho altere o período que escolheu previamente para medir o valor da ação? Que mudanças políticas ou sociais que poderiam afetar a empresa estão por vir?

Input *Especializado*. O conselho deve ser informado de qualquer método emergente de cálculo do valor das ações que lhe permita captar melhor o sentido de valor que escolheu. Definições diferentes se desenvolvem o tempo todo, com novas terminologias. Hoje os conselhos e as empresas podem adotar metodologias como o WACC (*weighted average cost of capital* [custo ponderado médio do capital]), o EVA (*economic value added* [valor econômico agregado]), o SVA (*shareholder value added* [valor agregado para o acionista]) ou o CFROI (*cash flow return on investiment* [retorno sobre o investimento em fluxo de caixa]) — e, no momento em que este livro for publicado, certamente haverá ainda mais. O nível do debate claramente vai muito além do argumento elementar *preço da ação versus lucro*. O significado de *bottom line* não é, nem de longe, tão simples quanto parece. Os conselheiros devem se especializar nesse tema para que possam expressar com competência, enquanto representantes da vontade dos proprietários, as razões centrais para a existência da empresa.

Input *da Administração*. As contribuições da administração podem ser valiosas como parte de qualquer um dos *inputs* anteriores; no entanto, elas são especialmente necessárias para que se determine a exeqüibilidade das políticas de Fins. As decisões quanto ao futuro não devem ser limitadas pelo estado passado, ou mesmo presente, dos assuntos da empresa, embora devam claramente levar em conta o passado e o presente. As políticas de Fins devem traçar para o CEO um alvo claro a ser atingido dentro do prazo decidido pelo conselho; e esse alvo deve ser tão crível quanto desejável.

O conselho pode pedir a quem quiser, inclusive ao CEO, que o ajude a obter todas as informações de que precisa — mas deve sempre se lembrar de que é ele, conselho, e não o CEO ou qualquer outro, o responsável perante os proprietários por assegurar que suas decisões estão fundamentadas em informações suficientes e confiáveis.

Informações para Decidir Políticas de Limitações Administrativas. A informação de que o conselho necessita para decidir políticas de Limitações Administrativas não exige que os conselheiros saibam tudo a respeito da empresa. Mas exige, no entanto, que eles sejam capazes de identificar todas as suas preocupações próprias quanto a possíveis meios da empresa e saibam quais os limites a esses meios que seria realista fixar. Essas informações, em geral, provêm de um misto de experiência anterior dos conselheiros, *input* da administração sênior, consultoria especializada e padrões gerais do ramo de atividade.

Como observamos no Capítulo 5, quando o assunto é a preocupação com os meios do CEO, os conselhos apresentam muitas semelhanças. Todo conselho se preocupa com proteção dos ativos, dívidas, imagem pública e assim por diante. Todo conselho se importa com as causas de perdas; todo conselho gosta de exigir probidade e ética. Portanto, os modelos que aparecem no Apêndice E são um bom ponto de partida para qualquer conselho, permitindo que o conselho se abstenha de reinventar a roda. Mas todo conselho precisa também personalizar essas políticas, fazendo um amplo exame e os ajustes apropriados. Talvez pareça sensato a um conselho, por exemplo, restringir os riscos de diversificação (adotando a estratégia *não mexa em time que está ganhando*), enquanto, para outro conselho, talvez pareça sensato proibir os riscos de se ter um único produto, por mais bem-sucedido (adotando a estratégia *não aposte todas as fichas no mesmo número*).

Informações para Decidir Políticas de Processo de Governança. Para decidir as políticas de Processo de Governança, os conselheiros devem procurar informações quanto ao que constitui uma boa governança com as autoridades relevantes — com o melhor pensamento disponível dos acadêmicos e dos profissionais e uns com os outros. As decisões do conselho nessa categoria se tornarão a medida do comportamento do próprio conselho, bem como do comportamento de seus comitês e de seu presidente. O conselho deve decidir quanto ao seu tamanho, seu método de eleição, seu código de conduta, o grau desejável de diversificação dos diretores, o modo como deseja preservar tanto a liberdade da administração quanto a integridade da governança, o modo como vai se auto-avaliar e assim por diante.

Informações para Decidir Políticas de Delegação Conselho/Diretoria. Para decidir as políticas que descrevem a relação oficial entre o conselho e a administração, o conselho deve ter clareza quanto ao que significa a função do CEO e ao que espera dela. Deve decidir o modo como deseja monitorar e avaliar o desempenho, a freqüência desse monitoramento e dessa avaliação, o modo como vai lidar com violações suspeitas

COMO RELATAR O DESEMPENHO DO CONSELHO E DA ADMINISTRAÇÃO   **111**

ou relatadas informalmente de políticas e assim por diante. São decisões que envolvem princípios e bom senso, e para as quais a informação necessária se encontra quase que inteiramente dentro do próprio conselho.

Informações Quanto ao Desempenho: Informações para Julgar o Passado

A maior parte dos relatórios diz respeito ao passado. O conselho pode reagir, mas não mudar a realidade apresentada pelos relatórios de informação do desempenho. Embora o auditor e o comitê de auditoria, por exemplo, tenham um papel vital no exame dos dados financeiros, esses dados registram o passado. Mas, do mesmo modo como assegurar que as regras não estão sendo violadas não é o objetivo do jogo, revisar o passado não é a finalidade principal de um conselho. As informações sobre o passado são indispensáveis, quando o conselho está avaliando a empresa e seu CEO. Mas, mesmo quando as finanças exibem números excelentes, isso denota que alguém tomou boas decisões no passado, e não que as decisões de hoje — as únicas que o conselho pode influenciar — são boas.

Mas reconhecer as imperfeições da informação histórica não é torná-la desimportante. A responsabilidade é impossível sem ela. Quando o conselho deixa de verificar se suas políticas de Fins vêm sendo cumpridas e se as políticas de Limitações Administrativas vêm sendo observadas, ele está enviando a mensagem de que essas políticas não têm importância. As relações entre essas políticas e o monitoramento são simples: primeiro, monitorar o desempenho é algo que se faz *apenas* em relação ao conteúdo dessas políticas; segundo, *nenhum* elemento dessas políticas pode escapar ao monitoramento. Elaborar políticas e monitorar desempenho, portanto, são duas coisas inextricavelmente ligadas.

Reunir informações quanto ao desempenho da empresa não significa ir atrás de relatórios extensos. Com o sistema das Políticas de Governança, o conselho sabe exatamente o que precisa para ganhar com as informações quanto ao desempenho. Ele não precisa saber nem mais nem menos do que o volume e o tipo de informação necessários para revelar o grau de cumprimento da interpretação razoável de suas políticas. Informação mais que suficiente tumultua o relatório e dilui sua utilidade, escondendo dados especificamente relacionados aos critérios em questão. Informação menos que suficiente não atende à necessidade de segurança dos conselheiros de que suas expectativas declaradas estão sendo atendidas.

Para avaliar o desempenho do próprio conselho, incluindo o desempenho de seus comitês e de seu presidente, os únicos critérios a monitorar estão presentes nas políticas de Processo de Governança e Delegação Conselho/Diretoria elaboradas pelo conselho. Do mesmo modo como o conselho codifica suas expectativas de desempenho nas políticas e espera que o CEO as cumpra, ele codifica o desempenho nas políticas e espera que ele próprio, seus comitês e seu presidente as cumpram. Nos dois casos, o conselho deve determinar até que ponto as políticas estão sendo realizadas.

Informações Incidentais

As informações incidentais podem tomar a forma que o conselho desejar, desde que claramente diferenciadas das informações para decisão e monitoramento do desempenho, que são as realmente necessárias à governança. O conselho pode optar por colunas separadas no livro de reuniões, papéis de cores diferentes, apresentações para o conselho fora das reuniões oficiais ou o que quer que lhe pareça funcional.

Não é impossível que o conselho depare com alguma coisa, em meio às informações incidentais, que incite uma revisão de políticas; mas essa eventualidade jamais pode substituir dados de desempenho rigorosos e centrados em critérios. O tempo que os conselheiros dedicam ao exame de informações incidentais é quase sempre um tempo não dedicado à governança. As informações incidentais são apenas isso — é bom conhecê-las, mas não essencial.

Elaborando Sistemas de Monitoramento

Esta seção enfoca o monitoramento do desempenho do CEO. Por razões de conveniência, adotamos a expressão *monitoramento do desempenho* com o sentido de avaliação da administração (portanto, do CEO). Mas o desempenho do conselho também deve ser avaliado, e nós vamos tratar da *auto-avaliação* do conselho no capítulo seguinte.

O Sistema de Monitoramento

O primeiro passo no monitoramento do desempenho é criar um sistema de monitoramento. Para monitorar o desempenho do CEO, e portanto da administração, o conselho monitora cada uma das políticas da categoria Fins e da categoria Limitações Administrativas. Para cada política, o conselho decide um método e uma freqüência de monitoramento. Essas, como todas as decisões do conselho, são também registradas nas políticas (ver Quadro 4.3, "Monitoramento do Desempenho do CEO").

Ao escolher um método, o conselho decide se vai receber os dados de monitoramento do CEO (a fonte mais comum), de alguma fonte externa (como um auditor) ou de sua própria inspeção direta (Quadro 6.1).

Quadro 6.1. Métodos de Monitoramento do Desempenho.

- **Relatório do CEO**: dados que revelam o desempenho do cumprimento de uma política reunidos pelo CEO ou por seus subordinados e atestados pelo CEO
- **Inspeção externa**: dados que revelam o desempenho do cumprimento de uma política reunidos e atestados por uma parte externa e desinteressada, como um auditor
- **Inspeção pelo conselho**: dados que revelam o desempenho do cumprimento de uma política reunidos pelo conselho ou por um órgão nomeado por ele, como um representante ou um comitê

Para monitorar a declaração geral da política de Fins, o conselho precisa apenas solicitar relatórios referentes às disposições de níveis menores, porque estas, juntas, devem compor a definição que o conselho deu aos Fins. Para monitorar a política geral de Limitações Administrativas, porém, o conselho pode acrescentar uma checagem aleatória ocasional (por meio de uma inspeção direta ou de um relatório externo) das áreas de risco englobadas pela proibição política geral mas não especificadas nas políticas de nível inferior.

A administração não deve ter papel algum no relatório externo além de cooperar. Para que o relatório se qualifique como externo, o relator deve estar *totalmente* sob controle do conselho. Se uma firma de auditoria, por exemplo, *perceber* sequer que a administração está influenciando, para não dizer controlando, a seleção e o trabalho subseqüente, a independência necessária para um monitoramento externo de alto padrão estará comprometida.

Freqüência do Monitoramento

A freqüência do monitoramento pode ser qualquer uma que o conselho julgue adequada — normalmente alguma periodicidade entre mensal e anual. As políticas que governam as áreas que o conselho considere especialmente delicadas ou sujeitas a alterações devem ser monitoradas com maior freqüência. Qualquer que seja a freqüência de monitoramento de rotina que estabelecer, o conselho preserva seu direito de monitorar qualquer política, sempre que assim o decidir.

Monitoramento do Formato dos Relatórios

Quando o CEO apresenta ao conselho um relatório de monitoramento do desempenho de acordo com as políticas do conselho, a estrutura do relatório é importante. Nós sugerimos que o relatório de monitoramento contenha as três seguintes características: primeiro, o relatório deve reiterar os itens das políticas que estiverem sendo monitorados (para que os conselheiros não precisem consultar as políticas); segundo, o relatório deve conter a interpretação dada pelo CEO a cada item das políticas e tudo o que o CEO tenha a dizer em defesa da razoabilidade da interpretação; terceiro, o relatório deve citar dados que demonstrem o cumprimento dessa interpretação da política.

O conselho não precisa se envolver na esquematização da forma do relatório, pois isso obrigaria os conselheiros a entrar num nível de detalhamento desnecessário. A governança estará muito bem servida se o conselho simplesmente receber os relatórios e julgar se está ou não convencido, mandando o CEO refazer o trabalho se não estiver. Em outras palavras, a atitude do conselho — amigável, mas firme — é: "prove para nós".

O mesmo princípio se aplica quando o conselho recebe relatórios do auditor externo ou da inspeção. Embora as auditorias financeiras obedeçam a convenções fixadas por especialistas estranhos ao conselho, o conselho deve ter controle sobre tudo o que precisa saber da auditoria ou de qualquer outro relatório. Essa exigência de assertividade tem implicações sobre os requisitos, que um conselho responsável deve exigir de seus auditores, da independência, da eficácia e das respostas precisas para questões de monitoramento fundamentadas em políticas.

Prova Razoável

O monitoramento apropriado não consiste simplesmente no CEO dar sua garantia (o método "confiem em mim"). É preciso que se forneçam dados objetivos, que o conselho possa aceitar como prova razoável de que sua política está sendo obedecida. *Prova razoável* é aquela que se pode produzir dentro de um gasto razoável de tempo e de recursos financeiros. É possível produzir dados sólidos a respeito de praticamente tudo, se você tiver tempo e dinheiro ilimitados. A realidade, porém, é que existe um ponto em que o custo de coletar informação se torna maior do que o valor de produzi-las. Esse julgamento pertence essencialmente ao conselho, e não ao CEO.

Elementos do Relatório do CEO

O Quadro 6.2 exibe um trecho de um relatório de monitoramento do CEO (o relatório completo encontra-se no Apêndice F). Perceba como ele está estruturado em torno dos três elementos descritos anteriormente. O CEO sempre fornece sua interpretação das políticas que estão sendo monitoradas, mas informa ao conselho se é a mesma interpretação que o conselho viu nos relatórios anteriores. Se alguma interpretação foi aceitável no passado, é provável que ainda o seja. Nos pontos em que a política do conselho não foi implementada com sucesso, a obser-

Quadro 6.2. Trecho de um Relatório de Monitoramento do CEO.

Monitoramento da Política de "Proteção dos Ativos" Fixada pelo Conselho

DISPOSITIVO 2 DA POLÍTICA
O CEO não permitirá o acesso de pessoal não autorizado a fundos substanciais.

Interpretação do CEO
[O TRECHO EM ITÁLICO INDICA UMA ALTERAÇÃO EM RELAÇÃO AO RELATÓRIO ANTERIOR] Interpretou-se "pessoal não autorizado" como os empregados não incluídos no seguro da companhia contra fraudes de funcionários. Interpretou-se "substanciais" como qualquer quantia superior a $500 por acesso *ou $5.000 acumulados durante um período de doze meses*. Essa interpretação se baseou numa recomendação recebida do auditor da empresa e também da Associação Nacional das Empresas Como a Nossa. Interpretou-se o pessoal com "acesso" como aqueles que, devido à natureza de suas tarefas, devem ser incluídos no seguro contra fraudes de funcionários. "Fundos" significa não somente as quantias mencionadas acima como também os conversíveis em espécie, incluindo os cheques, máquinas de assinar cheques, pequenas quantias em dinheiro e formulários de pedidos de compra da empresa.

Dados

O exame de nossa cobertura de seguro contra fraudes de funcionários demonstra que todos os empregados que dispõem de acesso, tal como definido, encontram-se listados. Estão em funcionamento os mecanismos que protegem o acesso a pequenas quantias em dinheiro, cheques, máquinas de assinar cheques e formulários de pedidos de compra. Uma checagem feita na semana passada demonstrou que, em todos os casos, nenhuma pessoa não autorizada obteve acesso e que nenhum acesso é possível sem conhecimento de pelo menos dois encarregados.

Concluo pelo cumprimento.

vação do CEO indica claramente essa falha. (Lembre-se de que esse descumprimento já deveria ter sido reportado no segundo item da política "Informação e Suporte ao Conselho", conforme exibido no Quadro 5.5).

Processamento dos Relatórios de Monitoramento pelo Conselho

O sistema de monitoramento controla a freqüência com que o conselho deve receber esses relatórios. Em geral esses relatórios circulam por escrito entre os diretores antes das reuniões do conselho. Na reunião, cada conselheiro, demonstrando a devida preocupação, confirma se recebeu, leu e ficou ou não satisfeito com cada representação do desempenho no relatório. Quando a maioria dos conselheiros acredita que o desempenho baseado na interpretação razoável de uma determinada política não está provada, o conselho deve discutir a questão e decidir quanto à reação adequada. Essa reação pode ser qualquer coisa — desde pedir ao CEO que apresente um relatório mais convincente até alterar a própria política para atender a uma reclamação, ou mesmo demitir o CEO, dependendo do tipo e da extensão do déficit de desempenho.

Avaliando o CEO

A lógica da avaliação do CEO nas Políticas de Governança é a seguinte: as únicas exigências de desempenho administrativo feitas pelo conselho estão expressas nas políticas de Fins e de Limitações Administrativas. O CEO é considerado pessoalmente responsável pelo desempenho da administração, e apenas por ela. É como se o conselho não avaliasse o CEO de modo algum. Ele avalia o desempenho de toda a administração e a atribui ao CEO. O sistema de monitoramento do desempenho é uma contínua verificação da realização dos Fins e da obediência às Limitações Administrativas. Portanto, as constatações regulares do monitoramento *são* a avaliação do CEO.

A avaliação anual, ou de outra periodicidade, do CEO é a acumulação de todos os relatórios de monitoramento recebidos durante o período anterior — nada mais, nada menos. *Nada mais* porque acrescentar outros julgamentos, nesse momento, implicaria que o conselho não estava falando sério ao dizer que todos os critérios estavam contidos nas políticas. *Nada menos* porque omitir certas políticas significaria que o conselho não desejava que elas fossem levadas a sério. Dada a eficácia do sistema de monitoramento do desempenho, a avaliação formal representa uma pontuação momentânea num processo contínuo. Com efeito, no desempenho futuro da empresa, a pontuação não será nem de longe tão importante quanto aquilo que ela pontua. Uma avaliação esporádica não é, nem de longe, tão eficaz na configuração da conduta quanto um *feedback* contínuo.

A mudança nas circunstâncias pode, é claro, levar o conselho a alterar suas políticas, e portanto suas expectativas. Não há mérito algum em esperar o irrealizável. Essa possibilidade de alteração não muda o fato de que a cada instante os critérios de desempenho estão fixados. Mas uma avaliação formal é uma oportunidade para o conselho levar em conta situações extraordinárias. Sim, as expectativas não foram atendidas; é um fato bruto. Mas, não, o conselho não condena o CEO por causa das circunstâncias de mercado, civis, políticas ou econômicas que sobrevieram. Nós sugerimos que o sistema de monitoramento demonstre o fato simples. É na avaliação periódica que o conselho poderá mostrar simpatia — se, naquele momento e em sua opinião, essa leniência melhor atender aos interesses dos proprietários.

Não estamos querendo dizer que esse tipo de convocação para que o conselho julgue seja algo fácil. O conceito de responsabilidade é tão crucial para os assuntos corporativos que dispensar alguém por causa do desempenho pode desencadear um colapso do conceito. Os limites de velocidade nas estradas não mudam quando alguém é pego ultrapassando a velocidade, por melhores que sejam suas razões para dirigir rápido demais. Mesmo assim, seria ridículo se os conselhos demitissem os CEOs das companhias aéreas dos Estados Unidos por causa dos ataques terroristas de 11 de setembro de 2001. Não oferecemos resposta alguma — exceto a de que os conselheiros devem adotar cautela e prudência no contexto de seu comprometimento com o que é melhor para os acionistas.

A remuneração do CEO é mais um tópico de grande importância e amplo interesse, e é estudado por vários especialistas. Não temos a pretensão de apresentar soluções novas para essa questão complicada. Podemos, no entanto, fazer diversas afirmações deduzidas do modelo das Políticas de Governança. Primeiro, a remuneração do CEO deve estar vinculada, de algum modo justificável, ao desempenho da administração, ou seja, ao monitoramento e à avaliação que acabamos de discutir. Segundo, a remuneração do CEO deve ser fixada por um conselho de independência impecável, com a decisão orientada pelo mercado e não por influências internas. Terceiro, os valores do conselho, em sua relação com a remuneração do CEO, devem estar estabelecidos na política de Delegação Conselho/Diretoria, à qual o conselho ou o comitê de remuneração do conselho devem se ater ao tomar efetivamente as decisões referentes à remuneração.

Monitoramento e Transparência

A transparência dos negócios de uma empresa para seus proprietários é um tópico que ressurge sempre que uma grande empresa enfrenta problemas. Não resistimos ao impulso de sugerir que as Políticas de Governança proporcionam aos conselheiros e aos proprietários uma extraordinária oportunidade em relação a isso. Um conselho capaz de comandar e de responder pelo desempenho da companhia com a clareza dos conselhos do modelo Políticas de Governança certamente vai proporcionar a investidores e órgãos reguladores, igualmente, um grau de segurança que os outros conselhos teriam que batalhar para imitar.

Progredindo com Base no que já Foi Feito

Este capítulo esboçou o modo como o conselho coleta informações para decidir políticas e assegura sua responsabilidade pelo desempenho da empresa monitorando a implementação pelo CEO das políticas do conselho. No capítulo seguinte, voltaremos a examinar o modo como o conselho pode garantir um nível satisfatório contínuo de seu próprio desempenho, à luz das políticas elaboradas para ele mesmo.

Nota

1. Sófocles, *apud* T. Goodman (org.), *The Forbes Book of Business Quotations* (Nova York: Black Dog and Leventhal, 1997), p. 498.

Capítulo 7

Como Preservar os Ganhos

O grau em que as empresas observam os princípios
básicos da boa governança corporativa é um fator cada vez
mais importante nas decisões de investimentos.

— *Organização para a Cooperação e o
Desenvolvimento Econômico*[1]

Neste Capítulo

- Como manter o conselho comprometido com as Políticas de Governança
- Um modo de conduzir reuniões em que o conselho cumpre o seu papel
- Três perguntas que o conselho deve fazer a si mesmo
- Como sobreviver a momentos de perigo
- Avaliação do conselho

O capítulo anterior examinou os tipos de informação de que o conselho precisa. Este capítulo discute a disciplina necessária para que o conselho continue cumprindo seu papel com excelência. Para governar uma empresa com sucesso, o conselho precisa, antes de mais nada, governar a si mesmo.

As políticas de Processo de Governança do conselho constituem um padrão estável de comportamento do conselho, e esse padrão pode ser útil durante períodos bons, períodos arriscados e períodos ruins. A função do conselho é constante, e as políticas de Processo de Governança (incluindo as eventuais emendas) são os instrumentos para que o conselho navegue numa rota constante. É preciso disciplina para se utilizar as políticas de modo consistente e adequado. Como todos os instrumentos de navegação, as políticas não têm utilidade quando ignoradas ou não mantidas, ou mesmo quando abandonadas durante uma crise — que é exatamente o momento em que são mais necessárias.

Como Manter o Comprometimento

O entusiasmo inicial por um novo método proporciona motivação apenas durante um período limitado. Os velhos hábitos são difíceis de abandonar, e eles voltam à tona facilmente. As práticas de conselho consagradas pelo tempo podem parecer seguras — mesmo quando escondem uma situação perigosa. A estrutura das Políticas de Governança garante uma maneira cuidadosamente planejada de o conselho controlar a empresa, mas sua falta de familiaridade pode fazer até mesmo que conselheiros dedicados se sintam inseguros.

Além disso, as Políticas de Governança exigem novas qualificações e uma rara integridade de linguagem. Exigem também uma boa dose de comprometimento com um processo deliberado, diante de crises ou de outros estímulos ao supercontrole ou ao subcontrole. Requer também uma forte liderança do conselho em nome dos proprietários, no mesmo sentido em que requer uma forte liderança do CEO em nome do conselho.

Os conceitos, princípios e esquemas das Políticas de Governança tornam a governança mais simples. Mas não a tornam mais fácil. Todo conselho que adota esse caminho deve planejar como se manter na linha a longo prazo. Aqui vão algumas idéias para preservar o comprometimento.

Verificar Continuamente a Motivação

A primeira coisa de que os conselheiros precisam quando adotam as Políticas de Governança é ter absoluta clareza quanto ao motivo por que as adotam. Quais são os critérios dos conselheiros para determinar o que é uma boa governança corporativa? As Políticas de Governança atendem a esses critérios? Existem defeitos nas práticas anteriores que as Políticas de Governança eliminam? O trabalho de empregar um modelo de governança cuidadosamente planejado e disciplinado não se justifica por suas sutilezas e regras arcanas. Ele se justifica, se tanto, pela maior legitimidade, maior presciência ou maior eficácia na fixação das bases de uma administração forte e bem-sucedida. Somente se estiverem bem claras para os diretores as razões de seu novo comprometimento é que eles serão capazes de revisitar sua motivação, quando surgirem os infortúnios.

Preparar-se para a Diferença

Um homem prevenido vale por dois; o conselho deve ponderar o quanto a vida vai ser diferente depois que suas políticas forem estabelecidas. O simples rompimento com as práticas habituais pode danificar a autoconfiança dos conselheiros — a menos que eles se preparem mentalmente para uma mudança substancial nas reuniões e práticas do conselho. Considerar antecipadamente as prováveis diferenças ajuda também os conselheiros a ter uma noção de como é adaptar-se às Políticas de Governança, e os previne contra os sintomas de desvio.

Os relatórios da administração sênior serão preparados e avaliados de acordo com critérios já definidos, e as discussões do conselho serão em grande parte sobre políticas já existentes. Portanto, as reuniões poderão ser mais curtas, ou menos freqüentes, ou ambas as coisas, com eventuais debates mais demorados sobre os fins ou sobre tópicos particularmente sensíveis dos meios. É provável que os conselheiros passem mais tempo deliberando entre si do que se concentrando nas propostas da administração sênior. Haverá muito mais conversas sobre os interesses dos proprietários e muito menos sobre a administração das operações. Haverá menos fragmentação e mais unidade. As políticas do conselho serão o foco central de todas as reuniões — ou porque estarão sendo revistas ou porque estarão sendo monitoradas. O monitoramento do desempenho será mais rotineiro e objetivo, e por isso não tomará muito tempo das reuniões — exceto no caso de desempenho insatisfatório.

Fazer Jus à Função do Presidente

A importância da função do presidente, como *chief governance officer* — na medida em que difere de qualquer função executiva — na preservação do compromisso com a governança do conselho já foi discutida no Capítulo 3 e será aprofundada nos Apêndices B e C. Apenas reiteramos, aqui, que a função do presidente é fazer com que o conselho cumpra sua palavra, conforme declarada pelo próprio conselho em suas políticas de Processo de Governança e da Delegação Conselho/Diretoria. Ao mesmo tempo, para que a expressão *responsabilidade coletiva* faça sentido, a função do presidente — enquanto protetor da disciplina e da integridade do processo — não pode ser vista pelos outros conselheiros como algo que os dispensa da responsabilidade por tudo isso. É claro que os outros conselheiros não receberam o poder de presidir, mas eles são culpáveis se fizerem vista grossa às falhas de disciplina do conselho.

Além de responsável pelo cumprimento de sua função, o presidente merece esperar a ajuda dos conselheiros na manutenção da integridade da governança.

Determinar a Ajuda do CEO

O CEO pode ajudar enormemente o conselho a se manter na direção certa. Cada vez que o CEO apresenta um relatório de monitoramento ou levanta uma questão ligada a uma determinada política do conselho, ele está reforçando a importância não apenas daquela política, mas do sistema de políticas. Cada vez que ele explica ao conselho qual é a sua interpretação razoável de uma determinada política, ele está incrementando a compreensão do conselho não apenas dessa política, mas da força das palavras do conselho. Cada vez que o CEO relaciona alguma discussão do conselho à política pertinente, ele conserva a política como um documento vivo, mesmo quando seu argumento é a razão pela qual a política deve ser alterada. Em qualquer desses casos, a integridade e a utilidade das políticas são continuamente aperfeiçoadas.

Investir em Recrutamento, Orientação e Formação de Conselheiros

Os conselheiros devem ser recrutados pelo seu interesse e pela sua competência no quadro geral — de longo alcance, com enfoque nos proprietários —, e não por sua habilidade ou experiência em consultoria para operações. Sua pertinente argúcia empresarial deriva do bom senso e da experiência que lhes permitem compreender o ambiente econômico, os mercados, os riscos e outros macrointeresses da empresa. Embora os conselheiros devam ser generalistas sensatos, não é importante que eles tenham qualificação para gerir a empresa que governam. Os proprietários precisam de um conselho que governe, e não que atue como consultoria da administração. O trabalho de política de governança exige que os conselheiros queiram e sejam capazes de sondar os valores que estão por trás das questões — e não abordar, ou mesmo resolver, as questões pelo seu valor nominal. Além disso, os conselheiros devem ser assertivos e persuasivos, embora capazes de valorizar e respeitar o processo e a diversidade do grupo e o voto final do conselho.

Uma perfeita orientação do conselheiro ao conselho e a seu bem arquitetado processo de governança é tão vital quanto sua orientação para a própria empresa. Mesmo sem as Políticas de Governança, o trabalho do conselho é diferente do trabalho da diretoria e merece atenção especial.

As Políticas de Governança, enquanto paradigma infamiliar, são particularmente diferentes, o que intensifica a necessidade de orientação. A experiência de governança adquirida em conselhos tradicionais proporciona uma referência para comparação e uma experiência de alto nível, mas é pouco útil — e pode até mesmo interferir — na compreensão da nova abordagem. Em geral as empresas investem muito na formação permanente de seus administradores. Não há motivo para se tratar a formação permanente dos conselheiros como menos importante — sobretudo quando a governança se torna uma tarefa de maior precisão.

Fixar uma Remuneração Adequada para os Conselheiros

Para se preservar o comprometimento do conselho é necessário considerar a remuneração dos conselheiros. A estrutura das Políticas de Governança não contêm nenhuma prescrição direta quanto à remuneração dos conselheiros. E, mais importante, não sugere nada contrário à remuneração dos conselheiros de acordo com critérios de mercado. Dito isso, nós podemos assegurar que, em circunstâncias normais, a governança funciona com mais eficiência quando há um pequeno grupo de conselheiros remunerados adequadamente do que com um grupo maior de conselheiros remunerados inadequadamente.

Além disso, estabelecer uma parte da remuneração ordinária com base no número de reuniões parece mais próximo de pagar a uma fábrica por peça produzida, ou pagar a um consultor, do que de pagar a alguém por sua responsabilidade geral (como se faz, por exemplo, com os escalões superiores da administração). Os proventos por reunião podem também conter o lamentável potencial de estimular mais reuniões do que o necessário (embora os atarefados conselheiros que conhecemos talvez achem a idéia divertida). Defendemos que se reduzam ou eliminem os proventos por reunião, mesmo que essa mudança precise ser compensada por um aumento na remuneração global do conselheiro, a qual está ligada simplesmente ao cumprimento de uma função de alta responsabilidade.

Em todo caso, um conselho eficiente é o preço que se deve pagar pelo adequado controle dos proprietários. O CEO não está em posição de fixar a faixa de pagamento de seu superior; portanto, as decisões quanto à remuneração, as gratificações e os custos logísticos próprios à governança de cada empresa são decisões do conselho, e não da administração.

Peneirando as Outras Culturas de Governança

O crescimento do interesse pela governança corporativa nas últimas décadas produziu uma grande quantidade de recomendações e informações para os conselhos. A maioria das recomendações vem de autores e consultores sábios e experientes, mas se baseia na governança tal como se conhece hoje. Com a introdução de um novo modelo de governança, parte dessa cultura perde sua importância e parte se torna obsoleta. Afirmar que, quando um jogador de futebol passa a jogar beisebol, boa parte de sua cultura futebolística perde a utilidade não é denegrir essa cultura. É o preço da mudança de paradigma. O conselho das Políticas de Governança deve avaliar com cuidado todas as recomendações referentes à governança para ter certeza de que vão favorecer, e não prejudicar, a capacidade do conselho de preservar a consistência do modelo — ou seja, governar com um só conjunto coerente de regras. Nem mesmo os novos métodos mais brilhantes são realmente aperfeiçoamentos se não contribuírem para um *sistema* aperfeiçoado.

Como Conduzir Reuniões Eficientes do Conselho

A maior disciplina que o conselho deve aprender é a de abordar cada questão por meio das políticas. Não há como não enfatizar a importância desse ponto. Na verdade, depois de assimilar esse ponto, o conselho pode estar em vias de encontrar um método mais bem fundamentado em valores e de alta alavancagem para cumprir com sua responsabilidade perante os proprietários.

Três Perguntas para Manter-se na Linha

Antes de tratar de *qualquer* questão que lhe seja apresentada, o conselho deve fazer a si mesmo três perguntas:

1. A qual categoria política pertence essa questão?
2. O que já dissemos na nossa política sobre essa questão?
3. Estamos satisfeitos com o que já dissemos ou desejamos alterar?

Vale a pena repetir que as Políticas de Governança são planejadas de tal modo que, *qualquer* que seja a questão colocada, o conselho já terá dito alguma coisa a respeito dela, em razão do "jogo de tigelas" de decisões do conselho no sistema de políticas. Os conselheiros talvez decidam que o que foi dito está insuficientemente detalhado — mas sempre *alguma coisa* já terá sido dita.

Fazer sempre essas três perguntas é o que assegura que o manual de políticas do conselho não fique parado na prateleira da secretaria, mas é algo completo, atual e constantemente utilizado pelo CEO e por todos os conselheiros durante cada reunião e para cada questão. *As políticas se mantêm completas e atuais porque nenhuma decisão do conselho é tomada sem referência a elas.*

Agendas

Uma vez que o conselho deve, antes de mais nada, governar a si mesmo, suas agendas devem ser fixadas para o conselho pelo conselho. Na estrutura das Políticas de Governança, as reuniões do conselho não são reuniões da administração para o conselho. A logística e a mecânica das reuniões certamente podem ser atribuídas ao CEO (como na política de "Informação e Suporte ao Conselho" exemplificada no Quadro 5.5), mas o conteúdo e o processo são do encargo do próprio conselho. Isso não quer dizer que o CEO esteja de algum modo excluído das deliberações do conselho. Quer dizer apenas que o CEO não é responsável por elas.

Descrever a função do conselho em termos dos valores que o conselho agrega (e não das atividades a que se dedica) gera, na verdade, uma *agenda perpétua* — uma afirmação daquilo a que o conselho sempre vai se dedicar. (A Política 1.4, no Apêndice E, é um exemplo desse gênero de descrição de funções.) A partir dessa descrição de suas funções permanentes, o conselho deduz o calendário anual e as reuniões individuais necessárias para produzir o valor agregado do conselho. Esse processo gera agendas determinadas pelo conselho, as quais se tornam, em si mesmas, instrumentos para que o conselho se mantenha na direção certa. Não é necessário, felizmente, que o conselho pleno seja muito específico nesse planejamento, reunião por reunião. Ao entrar em maiores detalhes (avançando, em nossa analogia, para as tigelas menores), o conselho pode se deter com segurança onde quiser — porque o presidente vai retomar do ponto onde o conselho pleno se deteve.

Alguns conselhos precisam cumprir uma exigência regulamentar ou legal de que o conselho decida alguma coisa que em essência, deveria ser decidida pela administração, dentro dos limites maiores da política do conselho. Nesses casos, pode-se adotar uma agenda consensual para sinalizar o assentimento do conselho, sem provocar o que poderia equivaler a uma *não*-delegação contrária ao melhor juízo do conselho. São ocasiões em que o conselho é obrigado, perante os proprietários, a governar bem e eticamente *apesar* da lei e dos regulamentos; ainda assim, é claro, a lei deve ser obedecida.

Votação

O princípio de que o conselho se pronuncia em uníssono não significa que todos, no conselho, devem votar da mesma forma. Significa apenas que, depois que o conselho se pronunciou (do modo determinado pelas regras de votação aplicáveis), todos devem respeitar a decisão como uma decisão propriamente do conselho. Às vezes os conselhos valorizam de tal modo a unanimidade que um único voto contrário, digamos, a uma fusão (para reiterar um nosso argumento anterior) pode levar os analistas e acionistas a um acesso de fúria. Mas insistir na unanimidade representa uma séria ameaça à capacidade do conselho de estimular sua diversidade interna.

Se os conselhos devem deliberar com honestidade os destinos da empresa, um dissenso no conselho não pode ser visto como uma ocorrência perturbadora, indicando falta de comprometimento com a decisão da maioria. Ao contrário, a votação livre, sempre acompanhada da total dedicação ao voto vencedor, deve ser a norma, e essa norma deve se consolidar muito antes que uma votação delicada e de alta visibilidade (como uma decisão de fusão) chegue à mesa do conselho. A tomada de decisões do conselho deve ser uma deliberação entre diferenças honestas de opinião, e não um instrumento de relações públicas.

Como Dirigir a Auto-avaliação do Conselho

A auto-avaliação é um instrumento poderoso para ajudar os conselheiros a preservar a disciplina pretendida. As Políticas de Governança transformam essa avaliação num processo automático, porque o conselho terá descrito a excelência em governança nas suas políticas de Processo de Governança e de Delegação Conselho/Diretoria. Esse método é altamente recomendado em lugar das avaliações padronizadas, que julgam o conselho segundo critérios que ele talvez nunca tenha aceitado. Com os critérios já estabelecidos, tudo o que resta decidir é o método e a freqüência com que o conselho vai se avaliar.

Em geral, a avaliação do conselho toma a forma de auto-avaliação, embora nada proíba o conselho de convidar os proprietários (quando viável) ou a administração para tomar parte na avaliação do conselho conforme as políticas que esses observadores tenham competência para comentar. Sugerimos que o conselho reserve pelo menos alguns minutos, ao fim de cada reunião, para se avaliar em relação a uma ou mais políticas. O conselho pode também experimentar um reexame anual de seu desempenho de acordo com todas as políticas de Processo de Governança e de Delegação Conselho/Diretoria. Em nossa experiência, no entanto, o que melhor parece garantir a excelência é fazer comparações, a cada reunião, com o modelo básico de conduta do conselho. Uma avaliação informal freqüente produz um efeito maior sobre a conduta efetiva do que avaliações formais infreqüentes.

Avaliar os conselheiros individualmente é um processo mais delicado do que a auto-avaliação do conselho. Evidentemente, o que se espera de um conselheiro deve derivar daquilo que um conselho requer de seus membros. É permitida, portanto, a avaliação individual dos conselheiros, mas somente depois de algum tempo de prática com a auto-avaliação do conselho pleno. Na verdade, o processo de auto-avaliação do conselho pleno não apenas torna claro o que o conselho requer de seus membros como também faz com que os conselheiros se dediquem à questão da excelência em governança. Essa discussão normalmente produz um efeito muito mais próximo do desejado sobre a conduta individual do conselheiro, mesmo sem avaliação formal.

O Comportamento Adequado nos Momentos de Perigo

É rara a empresa que nunca enfrente uma crise — uma crise financeira inesperada, a perda súbita do CEO, um grande processo na Justiça ou uma fuga de capital. Os tempos difíceis podem ser uma das principais causas de desorientação do conselho. Quando vem uma crise, a reação humana consiste em mergulhar nas águas turvas com uma corda e realizar um salvamento heróico. Para um conselho que opere segundo as Políticas de Governança, essa não é uma reação sensata. O conselho deve permanecer em terra firme para ser útil à empresa. Alguém precisa segurar firmemente a outra ponta da corda, e esse alguém é o conselho. Nas Políticas de Governança essa corda de salvação é o sistema cuidadosamente elaborado de políticas do conselho — junto com a sabedoria dos conselheiros embutida no conteúdo das políticas.

Uma crise pode fazer com que o conselho revise suas políticas, mas nunca deve fazer com que o conselho deixe seu sistema de políticas de lado. Também é encorajador levar em conta que o pleno uso dos sistemas de políticas e de monitoramento reduz a probabilidade de as crises se iniciarem, ou pelo menos aparecerem, como surpresas.

Fazendo Transições

Certas transições empresariais têm conseqüências significativas para a governança. A decisão de abrir o capital é claramente uma das que pertencem ao conselho enquanto representante atual dos acionistas. As relações com os acionistas já existentes vão se diluir muito, e o conselho vai ser responsável perante um grupo muito maior de pessoas, cujas motivações e perspectivas poderão ser bem diferentes das dos proprietários atuais.

A fusão — ou seja, a combinação de duas ou mais entidades empresariais em uma só — também dilui ou altera de algum outro modo as relações entre os acionistas e a empresa em processo de fusão. Como o conselho é o representante dos acionistas, as Políticas de Governança atribuem ao conselho, e não à administração, a decisão quanto às fusões.

A aquisição é um caso diferente. Se a empresa concorda em ser adquirida, a mesma argumentação referente ao impacto sobre as relações com os acionistas atribui o tópico ao conselho. Lembre-se de que toda a temática das relações com os acionistas — ao menos em seus aspectos essenciais, embora não nos mecânicos ou burocráticos — é assunto da governança, e não da administração. Se, ao contrário, é a empresa que está adquirindo, o tópico pode ser tratado como qualquer outra compra de ativos. Ou seja, o conselho pode adotar suas políticas de Limitações Administrativas para excluir dos limites todas as aquisições de determinada espécie, valor ou risco. Dentro desses limites, a decisão de adquirir outras empresas é atribuída ao CEO.

Há toda uma gama de outros tópicos que produzem um impacto direto sobre a relação da empresa com seus proprietários. Declarações de dividendos, aumento do número de ações, provisões de "pílulas venenosas" e todos os demais atos que afetem diretamente a tipologia, o grau ou o *status* dos proprietários fazem parte da jurisdição direta do conselho enquanto representante dos proprietários.

Queda e Recuperação

Para um grupo de dedicação parcial, ser responsável por tudo o que diz respeito a uma empresa jamais é fácil. O modelo das Políticas de Governança torna esse desafio praticável — mas também introduz seus próprios desafios. Nenhum conselho é perfeito, e os deslizes são quase inevitáveis. O modelo representa um ideal que vale a pena buscar, e não um estado facilmente alcançável e permanente.

É útil para um conselho prever possíveis cenários e discutir qual será a conduta apropriada do conselho se essas previsões ou oportunidades vierem a se concretizar. Se puder prever as coisas capazes de induzilo a se desviar do curso e refletir sobre como irá lidar com os colapsos, o conselho estará muito melhor equipado para se ater rigorosamente à nova função e à nova disciplina quando as mudanças, de qualquer espécie, realmente ocorrerem.

Na nossa experiência, as coisas mais importantes para que os conselhos das Políticas de Governança preservem seus ganhos são as disciplinas de formular as três perguntas sugeridas anteriormente e de fazer avaliações periódicas do conselho. Outros fatores significativos são a consciência permanente da motivação original do conselho e um presidente assertivo quanto à tarefa de fazer com que o conselho se mantenha fiel à sua palavra.

Progredindo com Base no que já Foi Feito

Neste capítulo, examinamos como o conselho pode manter a disciplina exigida para adotar os modelos das Políticas de Governança. Para muitos conselhos, porém, o desafio assustador imediato — dada a resistência das práticas tradicionais — é o de como levá-lo à prática, antes de mais nada. No capítulo seguinte, complementaremos nossa explicação das Políticas de Governança observando como um conselho pode progredir, partindo do ponto em que se encontra hoje.

Nota

1. Organização para a Cooperação e o Desenvolvimento Econômico, Preâmbulo, *OECD Principles of Corporate Governance* (Paris: Organization for Economic Cooperation and Development, 1999).

Capítulo 8

CHEGUE AONDE VOCÊ QUER PARTINDO DO PONTO EM QUE VOCÊ ESTÁ

Deve-se considerar que não há coisa mais difícil para cuidar, nem mais duvidosa de conseguir, nem mais perigosa de manejar, que tornar-se chefe e introduzir novas ordens.

— *Nicolau Maquiavel*[1]

Neste Capítulo

- Partindo do ponto em que você está
- Passando pelo processo de adaptação
- Quando a implementação completa é inviável
- Aplique o modelo conforme o tipo de conselho

Nos capítulos anteriores, descrevemos o modelo das Políticas de Governança e a disciplina necessária ao conselho para que seja possível adotá-lo. Aqui, trataremos de aspectos práticos de implementação, para aqueles leitores que, tendo se convencido de que o modelo proporciona um método confiável de liderança pelo conselho, querem que seus colegas considerem a hipótese de levá-lo à prática.

Partindo do Ponto em que Você Está

Adotar ou não o modelo das Políticas de Governança deve ser uma decisão do conselho inteiro, e não de uma só pessoa. O processo, porém, normalmente começa com uma pessoa se convencendo de que o modelo representa um avanço útil e desejando promover os primeiros estágios do processo de implementação.

A simplicidade do modelo pode fazer com que sua implementação pareça automática — mas nunca é fácil abandonar vários dos confortos da cultura convencional. Os conselhos são órgãos permanentes, de vida mais longa do que os mandatos eleitos ou designados de seus membros. Como tais, eles tendem a acreditar que a tradição vai lhes proporcionar a sua coesão. Além disso, mesmo que os conselheiros sejam pessoas disciplinadas, as Políticas de Governança requerem uma disciplina e uma precisão coletivas — o que não é algo fácil de assimilar para nenhum de nós. Portanto, não podemos fingir que a transição do velho para o novo seja tão tranqüila quanto os comentários seguintes talvez possam sugerir. Só podemos aplaudir e endossar a coragem de todo conselho que se aventure corajosamente por domínios pouco familiares a fim de incrementar sua capacidade de gerar valor para os proprietários.

Empreender um Processo de Implementação por Etapas

O processo de implementação das Políticas de Governança se divide em várias etapas, embora a duração de cada uma das etapas varie de conselho para conselho. As seções a seguir descrevem a seqüência de estágios pelas quais o conselho deve esperar passar. Elas correspondem, grosso modo, a *aprender*, *fazer*, *testar* e *adotar*.

A Educação do Conselho

Um conselho normalmente toma conhecimento das Políticas de Governança quando um conselheiro ou o CEO lê um livro ou artigo, ou ouve um companheiro falar sobre o assunto, e em seguida convence os outros conselheiros a examinar o modelo por si mesmos. Os conselheiros podem concordar, por exemplo, em ler e discutir este livro. Podem contratar um consultor com a adequada qualificação[2] para que apresente um seminário introdutório — o que é de longe o caminho mais eficaz. Ou podem encarregar um comitê de obter outras informações que o conselho desejar. Existem vários outros livros sobre o tema[3] — embora escritos para conselhos de entidades não-lucrativas e governamentais —, um dos quais apresenta descrições detalhadas das experiências de implementação.[4]

Essa etapa exploratória, ou educacional, não deve ser desprezada, porque ela estabelece as bases do comprometimento e da compreensão, pelos conselheiros, essenciais aos estágios seguintes da jornada. Embora a decisão de implementar ou não seja exclusiva do conselho, a administração sênior deve ser incluída, sem dúvida, no aprendizado das Políticas de Governança. Os conselheiros precisam saber como o modelo é encarado pelo CEO e pela administração sênior e obter sua compreensão e apoio, caso desejem prosseguir.

No estágio inicial de educação, além de aprender os conceitos e as implicações do modelo, os conselheiros devem identificar os objetivos específicos de governança que esperam atingir com o modelo — como a clareza de funções, o aproveitamento eficaz do tempo dos conselheiros, uma menor vulnerabilidade a acusações do gênero "onde estava o conselho?" ou um relacionamento mais próximo com os proprietários. Esses objetivos se tornam os critérios do conselho para julgar os méritos das Políticas de Governança em comparação com outras práticas de governança. Afirmamos, no capítulo anterior, que o conselho deve se manter em contato com as razões de seu comprometimento inicial; esse rol explícito de objetivos será útil para os conselheiros, mais tarde, quanto a esse aspecto. Nesse primeiro estágio, porém, o compromisso do conselho com as Políticas de Governança é apenas de dar o próximo passo, e não se comprometer em definitivo. Devido à enormidade das mudanças que advêm da implementação, recomendamos dar um passo de cada vez; somente no último passo é que o conselho toma a decisão formal de adotar por completo a estrutura das Políticas de Governança. Em todo caso, não se pode dar o último passo antes que o conselho tenha preparado suas políticas no novo formato, e que essas políticas estejam prontas para ser utilizadas.

Esboço das Políticas

O próximo passo, portanto, consiste em fazer um esboço de um conjunto completo de políticas. Isso requer uma quantidade substancial de tempo e de esforço — um mínimo de dois dias inteiros, se houver assistência especializada. Embora isso possa parecer muito tempo, é um investimento crucial na capacidade de governar do conselho. Dada a importância da função de governança para o futuro da empresa — além do fato de que o esforço vai render dividendos perpetuamente —, é provável que o tempo gasto seja visto pelos conselheiros como uma de suas sessões conjuntas mais produtivas e esclarecedoras. Ainda assim, a tarefa é um comprometimento grande o bastante para que os conselheiros queiram se sentir razoavelmente seguros de que o esforço valerá a pena.

O processo de esboçar as políticas consolida a compreensão do modelo, que anteriormente era visto somente como abstração. Ele mostra aos conselheiros como é o modelo, quando adaptado a sua empresa específica. Embora o esboço de políticas seja interessante e enriquecedor, é também trabalhoso — em parte porque requer um enorme cuidado no uso preciso das palavras e em parte porque exige que se mantenha uma coerência com uma estrutura e uma arquitetura até então não-familiares.

Os conselheiros podem querer providenciar a assistência de consultores qualificados, ou então fazer tudo sozinhos. A primeira opção custa mais caro, de início — mas é provavelmente a mais econômica a longo prazo. Para os que preferirem a segunda, as amostras de políticas do Apêndice E podem servir como modelos. Advertimos, porém, que não se tente adaptar os documentos corporativos anteriores. Na verdade, nunca vimos ninguém adotar esse método com sucesso, pois os documentos tradicionais da empresa não obedecem às peculiaridades que fazem o modelo funcionar — a diferenciação entre fins e meios, o controle dos meios da administração pela fixação de limites, o tratamento em cascata da extensão das decisões e a totalidade das decisões do conselho captada num documento-mestre centralizado e sucinto.

Para algumas políticas — normalmente aquelas que dizem respeito aos riscos, às ações da empresa e à sua condição financeira —, o estudo detalhado das opções e das conseqüências dos diversos dispositivos deve ser feito fora da sessão de esboço inicial e reapresentado ao conselho. Além disso, o conselho poderá dar ao CEO (que evidentemente foi consultado durante o processo de esboço) um prazo extra para comentar a exeqüibilidade das expectativas expressas em uma ou mais das políticas de Fins e de Limitações Administrativas. Embora o CEO não tenha a palavra final, seria obviamente uma insensatez se o conselho prosseguisse sem levar plenamente em conta as idéias do CEO. Mas, qualquer que seja a demora, é mais importante ser preciso e completo nessas políticas emergentes do que ser rápido — com uma exceção.

Apesar da cautela com que o conselho deve verificar a adequação de seus esboços de políticas, é melhor que o conselho faça o esboço *inicial* rapidamente e numa sessão única, evitando introduzir fatores jurídicos e outras complicações durante o período de criação. A agilidade e a sensação de finalização ao menos temporária são essenciais para que os diretores possam concluir tamanho volume de trabalho inicial sem se concentrar em fatores e tecnicismos arcanos, ainda que importantes.

Qualquer que seja o esboço das políticas, é crucial que o conselho atenda a dois requerimentos: primeiro, que todas as políticas sejam escritas de modo a corresponder aos valores do próprio conselho, de modo que o conselho se acostume a adotar cada palavra como sua. Lembre-se de que os *valores do conselho* não constituem uma listagem de todos os valores preferidos individualmente pelos conselheiros, mas os valores que são prezados — cada um deles — pela maioria dos conselheiros. Segundo, mesmo que os valores do conselho controlem o conteúdo das políticas, as prescrições do modelo devem controlar a estrutura e a arquitetura em que esses valores são expressos.

Verificação Administrativa e Jurídica

Depois que o conselho tiver esboçado essas políticas, recomendamos que elas sejam examinadas por consultores jurídicos e por quem mais for competente para certificar que não há inconsistências jurídicas, financeiras ou administrativas. O conselho pode ter dito alguma coisa nos novos documentos que contrarie os estatutos, por exemplo. Se for o caso, o conselho é obrigado a agir de acordo com os estatutos, modificando ou adiando a política em questão, até que — se possível — os estatutos sejam alterados para acomodar o novo método.

Uma advertência quanto aos consultores jurídicos, auditores e outros especialistas sem compreensão completa das Políticas de Governança: eles podem fazer objeções a certas particularidades simplesmente por considerá-las estranhas, e não por razões jurídicas, financeiras ou administrativas sólidas. É importante que o conselho não se deixe distrair por essas objeções durante a etapa de testes e que ensine, dentro do razoável, a nova metodologia de governança a seus consultores.

A Substituição

Depois que o conselho tiver feito todas as revisões necessárias, o resultado deverá ser uma minuta de manual de políticas que cubra exaustivamente os valores e as expectativas do conselho — e, surpreendentemente, que seja breve também. Nesse momento, o conselho está na posição de aprovar todas as minutas de políticas. As novas políticas substituem quase todos os documentos preexistentes do conselho (são exceções a ata de constituição, os estatutos e talvez alguns documentos exigidos por lei — e mesmo esses podem muitas vezes ser incorporados na estrutura de políticas). O manual oficial de políticas que surge com a adoção formal deve estar disposto em páginas removíveis, para fácil atualização. Pois o paradoxo é que, apesar de sua posição suprema na condução dos assuntos do conselho e da administração, a coletânea de políticas permanece sempre um documento provisório, aberto às emendas do conselho em qualquer reunião.

A troca completa de um sistema por outro é necessária na etapa de implementação, a menos que o conselho acabe tentando funcionar com dois métodos simultâneos — prática infalível para fazer com que ambos, o velho e o novo, fracassem. Por isso, não recomendamos a "implementação progressiva" — pela mesma razão pela qual um país que resolvesse alterar suas regras de trânsito, da mão direita para a mão esquerda, não estaria sendo prudente se o fizesse por etapas.

Como as reuniões do conselho, depois da mudança, vão ser diferentes da prática anterior, a preparação para elas deve ser pensada com bastante antecedência. Como discutimos no Capítulo 7, as agendas vão deixar de ter a aparência de antes — mas qual, exatamente, será sua aparência é algo que requer uma certa prática, e que, em todo caso, difere de conselho para conselho.

Quando a Implementação Completa é Inviável

Os sistemas completos funcionam melhor na base do "tudo ou nada" — o que significa simplesmente que os sistemas completos são melhores quando utilizados de modo completo. As Políticas de Governança são um sistema completo, e, como um relógio, se qualquer de suas partes estiver faltando, o sistema não somente não funciona como deixa de ser um sistema. A implementação parcial, portanto, é uma incoerência lógica. Porém, pode haver ocasiões em que circunstâncias externas ou dúvidas internas retardem ou impeçam a implementação do modelo integral, embora alguns conselheiros, ainda assim, queiram "ir na direção" dos princípios das Políticas de Governança.

Ir numa direção boa é necessariamente melhor do que não ir a lugar algum; portanto, seria indelicado de nossa parte deixar de apresentar algumas recomendações. Embora recusemos a idéia de uma implementação parcial das Políticas de Governança, nós aceitamos a idéia de orientar o conselho segundo as Políticas de Governança. O conselho pode, mesmo assim, jamais adotar realmente as Políticas de Governança, mas ao menos ele vai trabalhar numa direção saudável; se mais tarde ele resolver ir além, o salto não será tão grande. Quando os conselhos descobrem que sua única alternativa é simplesmente se orientar segundo as Políticas de Governança, nós recomendamos que considerem fazer pelo menos o seguinte:

- Elaborar uma definição de valor para o proprietário pelo qual o CEO será tido como responsável e listar os principais riscos empresariais a serem evitados.
- Estabelecer uma distinção clara entre as decisões do conselho e as recomendações individuais dos conselheiros (sendo a primeira obrigatória e a segunda opcional, do ponto de vista da administração).

- Definir as funções de chefe da governança e chefe executivo separadamente e responsabilizá-las separadamente perante o conselho — mesmo que as duas funções sejam atribuídas à mesma pessoa, qualquer que seja o título.
- Fazer avaliações periódicas do conselho.
- Investigar e discutir rotineiramente o processo de governança do conselho e as opções para que se aperfeiçoe.

Embora essas adaptações proporcionem apenas uma parcela do valor do modelo das Políticas de Governança em si, elas vão, no mínimo, sofisticar a clareza e a responsabilidade do conselho em sua função.

A Aplicação do Modelo Conforme o Tipo de Conselho

O modelo das Políticas de Governança tem suas raízes na fonte e na natureza da autoridade da governança, e é aplicável, como demonstramos no Capítulo 1, a todos os tipos de conselhos. Isso não quer dizer, porém, que todos os conselhos e espécies de organização se pareçam, ou que apliquem o modelo com ênfases idênticas. Vamos examinar rapidamente, aqui, a utilização das Políticas de Governança em três tipos diferentes de empresa.

Empresas Iniciantes

Em muitas empresas iniciantes, o conselho é composto inteiramente, ou quase, de pessoal interno. A governança e a administração são feitas pelas mesmas pessoas. O modelo encoraja essas pessoas a separar suas idéias e seus atos de governança de suas idéias e atos de administração, porque as funções do conselho e da equipe executiva não são iguais. Se o hábito de separação começar cedo, o desenvolvimento futuro (como o acréscimo de um especulador ou de algum outro capitalista externo) já vai ocorrer dentro de um quadro propício. A separação, no todo ou em parte, entre o conselho e a administração pode se dar em etapas quase imperceptíveis; daí a necessidade de se adotar práticas convenientes para o futuro antes que ele chegue.

Joint Ventures

As *joint ventures* talvez sejam as mais receptivas às mudanças na governança.[5] As empresas associadas têm o interesse indiscutível de que um conselho forte as represente bem — mas elas também sabem que um CEO forte é necessário ao sucesso da empresa. A fraqueza, em qualquer das duas funções, pode prejudicar o investimento dos sócios. O modelo Políticas de Governança foi estruturado para fortalecer a ambos, ao contrário das tendências oscilantes das práticas tradicionais de governança.

Holdings

O que a empresa controladora requer das subsidiárias pode ser mais bem expresso como fins prescritos (o valor da ação que deve resultar para a controladora-proprietária) e de um mínimo de meios proscritos (permitindo uma vasta gama de inovações seguras e de iniciativas). Assim, a autoridade para decidir outorgada às subsidiárias pela *holding* pode facilmente ser estruturada utilizando-se a arquitetura de decisões-dentro-de-decisões, juntamente com a regra da interpretação razoável.[6] Para que os conselhos das subsidiárias cumpram o melhor possível sua função de supervisão das empresas, a *holding* deve se abster de dar instruções diretamente à administração das subsidiárias, o que enfraqueceria seus conselhos.

Da Governança do Passado à Governança do Futuro

A grande promessa inerente ao modelo de governança apresentado neste livro é que os conselhos vão adquirir a capacidade de aproveitar mais vigorosamente a inteligência e o talento humanos, a fim de cumprir, com maior grau de certeza, com a responsabilidade de toda companhia perante seus proprietários. A governança corporativa evoluiu muito desde a revolucionária obra de Berle e Means,[7] e está passando por um renascimento verdadeiramente notável na entrada deste século XXI, devido à crescente fascinação pela liderança corporativa e à importância cada vez maior dos investidores institucionais. A governança se tornou um tópico à parte, e não mais um reflexo pálido e subordinado da administração.

Este livro advoga que os conselhos devem gerar um tipo de valor que não é gerado com muita freqüência ou consistência na atualidade. Promove um conselho forte e ativo que toma decisões por conta própria e exercita seu juízo independentemente (embora não na ausência) da administração. É um conselho que age proativamente, em vez de apenas dar sua bênção reativa aos desejos da administração — embora respeite e valorize a administração e a autorize vigorosamente a fazer o que faz de melhor.

Toda nova ordem de coisas sempre evoca dúvidas e preocupações quanto à sua aplicação no "mundo real". O que os conselheiros devem ter em mente é que eles detêm o poder máximo da empresa, e que tudo o que a governança exija, não importa o conteúdo das decisões, pode se tornar realidade. A reforma da governança corporativa, afinal, deve vir de quem governa — e não dos executivos, consultores ou autores.

Pedimos que os conselhos sejam tão inovadores, ousados, flexíveis e logicamente organizados quanto o que esperam das tecnologias modernas que os servem — sejam essas tecnologias relacionadas à administração, à engenharia ou ao processamento de informações. Uma mudança significativa no sistema de governança exige uma boa dose de rigor, confiança e coragem. O rigor é necessário porque o conselho deve resistir à tentação de adaptar o novo sistema de modo que se pareça com o antigo. A confiança é necessária porque o conselho não será capaz de efetuar mudança alguma se não estiver plenamente convencido dos méritos da mudança. E a coragem é necessária porque, se os conselheiros estiverem convencidos de que a nova abordagem de seu desafio singular é a que melhor atende aos proprietários, eles não têm alternativa responsável senão a de ir em frente, com arrojo e determinação; não podem recuar, esperando que outros tornem o novo caminho seguro e familiar.

Apresentamos este livro ao mundo empresarial, acreditando que seus proprietários, conselheiros e executivos aproveitem essa oportunidade de uma grande revolução na liderança corporativa. Apresentamos uma arrojada tecnologia de governança fundamentada em preceitos de responsabilidade individual, responsabilidade coletiva e líderes servidores. Propomos um sistema operacional de governança que melhor qualifique os conselhos para transformar os desejos dos proprietários em desempenho da empresa — fazendo com que os conselhos realmente gerem valor.

Notas

1. Niccolò Machiavelli, *The Prince*, N. H. Thomson (trad.) (Nova York: Dover, 1992), p. 13. (Originalmente publicado em 1910 por P. F. Collier & Son, Nova York.) [Edição brasileira: Nicolau Maquiavel, *O Príncipe*, trad. Roberto Grassi (São Paulo: Bertrand Brasil, 1994, 17.ª ed.), p. 35. (N. do T.)]

2. A única escola, atualmente, que prepara consultores para as Políticas de Governança no padrão reconhecido por John Carver, criador do modelo, é a Policy Governance Academy[SM], operada pela Carver Governance Design, Inc., Atlanta.

3. J. Carver, *Boards That Make a Difference*, 2ª ed. (São Francisco: Jossey-Bass, 1997); C. G. Royer, *School Board Leadership 2000* (Houston: Brockton, 1996); J. Carver e M. M. Carver, *Reinventing Your Board* (São Francisco: Jossey-Bass, 1997); J. Carver, *John Carver on Board Leadership* (São Francisco: Jossey-Bass, 2002).

4. C. Oliver e outros, *The Policy Governance Fieldbook: Practical Lessons, Tips, and Tools from the Experiences of Real-World Boards* (São Francisco: Jossey-Bass, 1999).

5. J. Carver, "The Opportunity for Reinventing Corporate Governance in Joint Venture Companies", *Corporate Governance: An International Review*, 2000, 8(1), 75-80.

6. J. Carver, "Families of Boards, Part Two: Holding Companies", *in* J. Carver, *Board Leadership: A Bimonthly Workshop with John Carver*, No. 27 (São Francisco: Jossey-Bass, 1996).

7. A. A. Berle Jr. e G. C. Means, *The Modern Corporation and Private Property* (Nova York: Commerce Clearing House, 1932).

Apêndice A

GLOSSÁRIO

As expressões contidas neste glossário estão definidas também no corpo do texto, e foram reunidas aqui para fácil consulta. Todo novo paradigma introduz novos conceitos. Esses conceitos precisam ser representados por palavras — ora por palavras que já se usam, ora, por palavras criadas especialmente para a ocasião. O uso de palavras familiares para conceitos novos reduz a impressão de estranheza do novo, mas traz o risco de contaminar o conceito novo com significados herdados do antigo. Por isso, em alguns casos, decidimos adotar novas palavras e, em outros, utilizamos palavras mais familiares, conforme nossa percepção das necessidades dos usuários.

Categorias de políticas — Os tópicos em que são agrupadas as políticas do conselho. As quatro categorias de políticas das Políticas de Governança estão subordinadas à governança, e não à administração.

Chief executive officer (CEO) — O primeiro cargo dotado de autoridade executiva, depois da autoridade de governança do conselho pleno. O CEO, sob o comando do conselho, é quem preside a empresa.

Chief governance officer (CGO) — O cargo de "primeiro entre iguais" do conselho, com a responsabilidade de assegurar que o conselho obedeça às suas próprias regras e às regras impostas pelas autoridades exteriores. A função inclui o trabalho de presidir as reuniões, embora não se limite a isso. O CGO, sob o comando do conselho, é quem preside (mas não controla) o conselho.

Delegação Conselho/Diretoria — A categoria de política do conselho na qual o conselho estabelece a natureza e a mecânica do relacionamento entre a governança e a administração.

Fins — A categoria de política do conselho que estabelece a razão fundamental de existência da empresa (*para que* é a empresa) — o que normalmente se concebe como um *valor monetário para o acionista*, exceto

APÊNDICE A — GLOSSÁRIO

quando a política pública ou os proprietários determinam outra coisa. É mais provável que os proprietários determinem outra coisa numa empresa familiar ou de pequeno porte, onde seus interesses podem ir além do retorno financeiro. A palavra *fins* não é sinônimo de *resultados* ou *metas*. Além disso, nem todas as intenções da empresa são fins.

Governança — A função do conselho governante. Há outros textos — não este, porém — que utilizam esse termo, às vezes, como abrangendo toda a cúpula da liderança.

Limitações Administrativas — A categoria de política do conselho na qual o conselho proscreve os meios do CEO, estabelecendo um território livre de tomada de decisões executivas dentro dos limites impostos pelo conselho. Ao definir o que é inaceitável, as políticas de Limitações Administrativas evitam que o conselho diga à administração como administrar, prevenindo, assim, contra a microadministração ou as intromissões.

Meios — Todas as questões que não são fins. Todas as decisões do conselho que não tratam de fins tratam de meios. As decisões quanto aos meios dizem respeito aos métodos, condutas, modos de fazer negócios, atividades, programas, mercados, produtos e assim por diante. Praticamente todas as decisões tomadas numa empresa e por seu conselho são decisões de meios. A própria governança é uma questão de meios, e cabe ao conselho. No entanto, a maior parte das questões de meios é atribuída naturalmente à administração.

Metas e objetivos — As coisas que devem ser realizadas. Essas palavras são muito úteis na administração, mas problemáticas na governança, porque ignoram a diferença entre fins e meios e, em geral, ignoram o princípio segundo o qual as decisões são de tamanhos diferentes.

Níveis de políticas — Os graus de possibilidade de interpretação designados nas políticas. Os níveis formam uma seqüência, desde o mais amplo (minimamente detalhado e maximamente aberto à interpretação) até o mais estrito (maximamente detalhado e minimamente aberto à interpretação). As políticas do conselho em cada categoria começam no nível mais amplo e prosseguem em níveis mais detalhados, até que se atinja um ponto em que o conselho possa aceitar qualquer interpretação razoável de suas palavras. Esse é o ponto em que é seguro para o conselho deter-se e deixar de entrar em maiores detalhes.

Planejamento — Tomar decisões hoje para o futuro. Como tanto a governança quanto a administração podem se dedicar ao planejamento, e como o planejamento pode se aplicar tanto aos fins quanto aos meios, a atividade, embora importante, não ajuda a distinguir a função do conselho da função da administração.

Planejamento estratégico — Um instrumento da administração para assegurar que a empresa realize as políticas de Fins do conselho, sem violar as políticas de Limitações Administrativas, durante um determinado período plurianual. Embora impulsionado pelas expectativas do conselho, o plano em si é um documento da administração.

Política — Um valor ou perspectiva subjacente a um ato. As políticas das Políticas de Governança estão classificadas em quatro categorias: Fins, Processo de Governança, Delegação Conselho/Diretoria e Limitações Administrativas. Essas quatro categorias abrangem todas as decisões possíveis do conselho.

Políticas de Governança [Policy Governance®] — O modelo conceitual de liderança pelos conselhos de administração elaborado por John Carver — um paradigma universal composto de certos princípios e conceitos deduzidos logicamente. A expressão é marca de serviço registrada de John Carver.

Processo de Governança — A categoria de política do conselho na qual o conselho trata da maior parte de seus próprios meios — entre eles, o relacionamento do conselho com os acionistas —, de seu próprio processo, de suas operações internas (comitês, representantes) e da disciplina com a qual está comprometido.

Regra da interpretação razoável — A autorização do subordinado para confiar nas palavras do conselho, para responder às instruções adotando a interpretação que escolher, desde que seja capaz de demonstrar que a interpretação é razoável. A regra da interpretação razoável é indispensável para a otimização da delegação.

Valor acionário — O benefício para os acionistas que deverá ser ou foi gerado pela empresa, ou pelo mercado de capitais e a empresa. Embora as companhias de capital aberto invariavelmente definam o valor acionário em termos financeiros, o conselho da empresa familiar ou de outra forma de empresa fechada poderá incluir valores não financeiros na definição. Esses valores, financeiros e — se for o caso — não-financeiros, equivalem aos fins da empresa.

Valor para o proprietário — O motivo pelo qual os proprietários da empresa querem que ela exista. Em geral, valor para o proprietário é o mesmo que *valor acionário*, exceto quando a lei ou a natureza específica da empresa determinar uma base mais ampla de propriedade.

Apêndice B

ARGUMENTOS EM FAVOR
DO TERMO CGO

Em boa parte do mundo corporativo, o termo *CEO* (*chief executive officer* [executivo-chefe]) é utilizado para designar a principal função administrativa. Quase tão familiares quanto esse são os termos *COO* (*chief operating officer* [executivo-chefe de operações]), *CFO* (*chief financial officer* [executivo-chefe de finanças]) e mesmo *CIO* (*chief information officer* [executivo-chefe de informações]). Há bons argumentos para se adotar também o termo *CGO* (*chief governance officer* [governante-chefe]).

Uma das razões para se utilizar esse novo termo é simplesmente o argumento cosmético: ele se harmoniza bem com os outros termos de uso generalizado. Uma outra vantagem é que a sigla CGO evita a batalha verbal entre *chair*, *chairman*, *chairwoman* e *chairsperson**. Temos, porém, razões mais substanciais para nossa proposta.

Presidente é um Título Ambíguo

O título de presidente [*chairman*] (e seus equivalentes menos específicos de gênero) incorpora com tamanha freqüência um elemento executivo que não distingue de modo absoluto a liderança pela governança da liderança pela administração. Isso é especialmente verdadeiro quando uma só pessoa acumula os dois papéis; porém, mesmo quando duas pessoas diferentes detêm os títulos de presidente do conselho e de CEO, não é incomum que o presidente exerça, de algum modo, a autoridade do CEO.[1]

Essa ambigüidade no significado do título não é problema quando ela reflete uma justaposição tolerada entre as funções de governança e de administração. Mas preservar as diferenças entre governança e adminis-

---

* Todas as palavras têm o mesmo significado: "presidente". A designação tradicional é *chairman*; devido, porém, à terminação *man*, a palavra é vista por alguns como exclusiva do gênero masculino, e, por isso, tem-se popularizado, nos últimos anos, o uso das variantes *chairwoman* (para mulheres), *chair* e *chairsperson* (neutras) (N. do T.).

tração é essencial no modelo Políticas de Governança, de modo que é inadequado um título ambíguo para essa função. O uso de CGO chama a atenção de todos para uma função específica, que não se confunde com nenhuma outra.

Ser Presidente é mais do que Presidir

Nas Políticas de Governança, a função de presidir as reuniões do conselho é apenas uma parte da responsabilidade maior do presidente, a qual consiste em fazer com que o conselho cumpra sua função. Esse "primeiro entre iguais" deve interpretar e executar as políticas criadas pelo conselho para governar seu próprio funcionamento. Algumas dessas políticas, como discutimos anteriormente, estão relacionadas à disciplina com a qual o conselho se comprometeu, outras à mecânica da relação conselho-CEO e outras a tópicos mais filosóficos.

Quando se isola o papel do CGO da função tradicional de presidente, como nas Políticas de Governança, é possível concebê-lo fundamentalmente como o papel de tomar decisões relativas à governança (e não à administração) — sempre, é claro, com uma interpretação razoável daquilo que o conselho disse em suas políticas de **Processo de Governança e de Delegação Conselho/Diretoria**. Esse papel faz com que o presidente elabore várias decisões sobre o modo como o conselho vai operar, o modo como seus comitês vão funcionar, seu modo de auto-avaliação, o mecanismo de recebimento do *input* dos acionistas, a mecânica dos relatórios do CEO e tudo o mais que o escopo das políticas do conselho relativas a essas áreas tenha deixado por decidir. Em resumo, o presidente, nas Políticas de Governança, é quem garante a integridade da governança, e o termo CGO exprime o fato de que o presidente, além da responsabilidade menor de presidir as reuniões, tem também essas obrigações importantes e que exigem tempo.

Dada essa concepção da função, conclui-se que os CGOs, idealmente, serão escolhidos por sua competência para ser líderes servidores no ambiente da governança e por sua capacidade de cumprir rigorosamente o papel de interpretar e preencher as exigências de governança que o conselho adotou. Eles podem ser bons ou não na tarefa de presidir. A competência para presidir é uma qualificação subsidiária do CGO, mas não a principal. O CGO pode até mesmo optar por nomear alguém para presidir reuniões isoladas, ou instituir uma presidência em rodízio entre os conselheiros. Como salientou Sir Adrian Cadbury, "do ponto de vista legal, não é necessário que o conselho da empresa tenha um presidente contínuo... a lei concebe o cargo de presidente como algo que se exerce a cada reunião isolada".[2] É claro que, sendo o CGO responsável por todos os aspectos da governança adequada (ou seja, por assegurar que a governança seja exercida de modo coerente com as políticas do conselho), ele permanece indiretamente responsável pelo desempenho de seu nomeado na presidência da reunião.

O Título não Basta para Explicar o Cargo

É claro que os títulos não explicam necessariamente os papéis — como pode confirmar toda pessoa que já recebeu, em vez de um aumento, um título mais chamativo. *Diretor-presidente*, por exemplo, não significa necessariamente *CEO*. É por isso que, quando ele designa a função de CEO, as empresas acrescentam "e CEO" ao título. Da mesma forma, o título de *presidente do conselho de administração* não é auto-explicativo; ele pode implicar "e CEO", esteja presente ou não o adendo.

Utilizar o termo *CGO* como título do cargo que descrevemos aqui ajuda a explicar a função — ao menos enquanto o costume da empresa conseguir evitar a confusão do papel de CGO com o de CEO (como ocorreu com o papel de presidente do conselho, o que hoje se reflete no título de presidente). Acreditamos, assim, que a adoção do termo *CGO* será de uma utilidade notável para todo conselho que estiver aprimorando sua governança. Mesmo assim, o mais importante é a clareza da função — qualquer que seja o título adotado.

Conclusão

Ninguém duvidará que as palavras que todos nós utilizamos, mesmo sendo objetos criados por nós, têm poder tanto para canalizar e facilitar nossos pensamentos quanto para impedi-los e bloqueá-los. Parafraseando Churchill, primeiro nós criamos as palavras — e depois elas nos criam. Primeiro nós atribuímos palavras aos nossos conceitos — e depois nossas palavras restringem e estreitam, talvez desnecessariamente, nossos conceitos. *Presidente* é um dos termos que atualmente direcionam nossos pensamentos a certos significados que, em geral, se desviam da adequada governança.

Um conselho propriamente governante precisa de uma pessoa-chave para a sua disciplina, de um líder servidor para o seu comprometimento. A governança avançada requer uma função especializada — que não se confunda com a da administração, como pode acontecer com a de pre-

146 CONSELHOS DE ADMINISTRAÇÃO QUE GERAM VALOR

sidente do conselho, nem se reduza a apenas um dos papéis do cargo. *Chief governance officer* é uma expressão com potencial para fazer com que o detentor do cargo e o conselho se concentrem no cumprimento de suas funções próprias de governança.

Notas

1. J. G. Beaver, *The Effective Board*, citado in A. Cadbury, *The Company Chairman*, 2ª ed. (Hemel Hempstead, U. K.: Director Books, 1995), p. 23; M. Lipton and J. Lorsch, "Dissenting and Concurring Views", *in The Will to Act*, Report of the Subcommittee on Corporate Governance and Financial Markets to the Competitiveness Policy Council, citado in W. G. Bowen, *Inside the Boardroom: Governance by Directors and Trustees* (Nova York: Wiley, 1994), p. 87; Heidrick and Struggles International, *The Role of Chairman*, citado in A. Cadbury, *The Company Chairman*, p. 23; R. Charan, *Boards at Work: How Corporate Boards Create Competitive Advantage* (São Francisco: Jossey-Bass, 1998).

2. Cadbury, *The Company Chairman*, p. 10.

Apêndice C

PRESIDENTE E CEO —
UMA OU DUAS PESSOAS?

O modelo das Políticas de Governança exige incondicionalmente que as *funções* de *chief governance officer* (denominado *presidente* nos conselhos atuais — ver Apêndice B) e *chief executive officer* sejam separadas. A força do modelo requer que todos entendam de qual das duas funções provém cada ato, a cada instante. Por isso, nós defendemos que, para se evitar confusão entre as funções, atribuí-las a duas pessoas diferentes é um fator importante.

Outros também reconhecem a importância desse passo. Mills argumenta que "o presidente é presidente do conselho. Ele não é presidente da empresa".[1] Leighton e Thain afirmam que a função de CGO "exige liderança independente, comprometimento, foco, tempo e talento", e que "é de fundamental importância que [essas funções] estejam separadas e não se confundam".[2] Cadbury salienta a dificuldade de se cumprir bem as duas funções.[3] Carlsson pergunta como é possível que o conselho "garanta sua independência e capacidade de desempenhar sua função de governança quando o presidente — o chefe do conselho — deve governar a si próprio enquanto CEO?"[4] Lorsch e MacIver advertem que a "comutação de poder entre o CEO e o conselho" é "repleta de ambigüidades e complexidades", e que há uma "necessidade crucial de se reduzir o poder do CEO enquanto líder do conselho".[5] Dayton, que por muito tempo foi presidente do conselho da Dayton-Hudson, opina: "Toda a minha experiência e estudo me convenceram de que o presidente do conselho não deve ser CEO (...). O presidente-CEO usa dois crachás ao mesmo tempo, e você não consegue fazer isso e parecer bem nas duas funções".[6] A impressionante lista dos que argumentam em favor da separação inclui também Knowlton e Millstein;[7] Whitehead;[8] Gogel;[9] Williams;[10] e Patton e Baker.[11]

Um número crescente de códigos nacionais de governança — embora muitas vezes fragilmente — concorda com a separação desses cargos tão diferentes. Uma pesquisa recente, feita com trezentos CEOs, mostrou que dois terços deles pensavam que esses cargos deveriam ser separados.[12] Uma Pesquisa McKinsey de Opinião do Investidor[13] constatou que os investidores vêem a separação entre os cargos como um fator crucial para o desempenho do conselho, classificando-a como tão importante quanto a presença de uma maioria de conselheiros externos.

No entanto, apesar desse poderoso volume de opinião, a prática de combinar as duas funções numa só pessoa continua sendo a prática comum, em várias partes do mundo. Das grandes empresas dos Estados Unidos, por exemplo, mais de 90 por cento adotam a combinação das funções, segundo uma pesquisa Korn-Ferry de 1999.[14] A França *exige* que a empresa que possua um só conselho combine as duas funções numa só — *Président Directeur Générale*.[15] Já se observou, de fato, que a combinação das funções de administração sênior e de liderança do conselho numa só pessoa é tão corriqueira que o título de *chairman* [*presidente*] e seus equivalentes menos específicos de gênero significam, na prática, "principal executivo" para muitas pessoas.[16]

Nós constatamos que as razões publicadas para se combinar as funções de CGO e CEO numa mesma pessoa podem ser agrupadas em seis (não separáveis com precisão) categorias.

Argumentos para se Combinar as Funções de CGO e CEO numa Mesma Pessoa

- *Isso evita o excesso de bagagem.* Separar as funções de CGO e CEO resulta em mais níveis de comunicação e em maior ineficiência, pois o CEO é obrigado a se dedicar a *lobbies* internos, reduzindo-lhe o tempo para assuntos mais importantes. Um CEO separado, por exemplo, pode gastar um tempo excessivo tentando convencer um presidente separado da estratégia do CEO.[17]
- *Isso impede conflitos de autoridade.* Na medida em que "nenhum presidente de conselho é inteiramente não-executivo",[18] separar as posições "diluiria o poder do CEO de garantir uma liderança eficaz da empresa".[19] Além disso, o cargo de presidente de conselho possui um "poder natural",[20] que pode entrar em conflito com o poder de um CEO separado. O conflito ocorrido em 2001, na Ford, entre o CEO Jacques Nasser e o presidente Bill Ford Jr. é um exemplo desse tipo de escaramuça.[21] A Heidrick and Struggles[22] acredita que muitos presidentes não-executivos bem-sucedidos só não são executivos nominalmente — o que faz com que um CEO separado seja CEO apenas nominalmente.

APÊNDICE C — PRESIDENTE E CEO — UMA OU DUAS PESSOAS? **149**

- *Isso mantém clara a responsabilidade.* Um CGO separado pode "isolar um CEO [separado] de sua responsabilidade perante o conselho".[23] Em todo caso, a existência de duas posições separadas gera confusão e obscurece a responsabilidade.[24]

- *Isso evita confusões externas.* Na percepção do público de hoje, "os presidentes se tornaram presidentes das empresas, e não apenas dos conselhos. O cargo de presidente do conselho não tem uma importância *jurídica* especial, mas adquiriu uma importância *pública*".[25] Além disso, separar as funções de CGO e CEO poderia levar terceiros a tirar vantagens das discordâncias públicas entre as declarações de um e de outro.[26] No mínimo, "quem está de fora pode começar a se perguntar quem é que realmente comanda".[27]

- *Isso não apresenta problemas que não se possa resolver facilmente.* Reconhece-se que uma posição única, CGO-CEO, reduz a independência do conselho em relação à administração; existem, porém, soluções mais fáceis de aplicar, como os comitês externos[28] e o conselheiro principal.

    Comitês de conselheiros externos. O conselho não precisa de liberdade em relação à predominância do CEO, porque os membros do conselho podem se reunir em subgrupos (comitês de remuneração e de auditoria, por exemplo) que não serão nem dominados pelo pessoal interno nem terão a participação do CEO.

    O conselheiro principal. Um conselheiro externo pode ser escolhido por outros conselheiros externos (ou simplesmente se destacar) para ser uma espécie de presidente-fantasma. Se a pessoa que desempenha as funções combinadas falhar, o conselheiro principal poderá intervir para remediar a situação. Um caso notável na história recente é a deposição de Robert Stempel, presidente do conselho e CEO da General Motors — um conflito solucionado pelo conselheiro externo John Smale.[29]

- *Isso encontra apoio no passado, nas expectativas da sociedade e na idéia pragmática de que é pouco provável que as empresas aceitem a separação das posições.* Bowen,[30] por exemplo, afirma: "Persuadido que estou por seu apelo intrínseco, estou convencido de que a idéia de um presidente de conselho separado, nas empresas, não é uma idéia para a nossa época." Ele acredita que é improvável que um conselho "entre em conflito com um CEO eficiente a respeito desse tema", e reconhece que, "enquanto o conceito de um presidente separado for tão raramente aceito pelo mundo corporativo, inevitavelmente haverá mais do que uma ligeira insinuação de sua inconveniência". Na verdade — segundo as regras do jogo da maneira como ele é jogado atualmente —, o CEO que não é nomeado também CGO pode pensar que o conselho está lhe comunicando uma mensagem de desconfiança.

As Políticas de Governança oferecem respostas eficazes para todos esses argumentos. Todas as razões para se combinar as funções de CEO e CGO baseiam-se no modo como os conselhos se comportam tradicionalmente, e não no modo como deveriam se comportar. Na verdade, acreditamos que *todas as objeções a que duas pessoas diferentes ocupem esses cargos desaparecem quando o conselho governa do modo mais responsável que descrevemos.*

Como as Políticas de Governança *Resolvem o Impasse*

- *Instituindo uma cadeia de comando adequada.* Quando o conselho cumpre seu papel próprio de governança, não há acréscimo de níveis de comunicação nem de ineficiência, porque o CEO não se reporta ao CGO nem precisa convencer nenhum conselheiro, individualmente, de sua estratégia. A cadeia de comando vai do conselho para o CEO, e não do CGO para o CEO.
- *Proporcionando uma delegação clara de autoridade.* Se os conselheiros assumirem sua responsabilidade pela integridade do grupo, o CGO só poderá ter a autoridade que o conselho lhe outorgar explicitamente — não mais. Portanto, não poderá haver conflito de autoridade, a menos que o conselho crie condições para isso. O erro mais comum, entre os conselhos que separaram ostensivamente as duas funções, é permitir que o CGO atue de algum modo como CEO, governando em excesso ou dando ordens ao verdadeiro CEO.
- *Fixando uma responsabilidade clara.* Um CGO separado só poderá "isolar um CEO [separado]" de sua responsabilidade se o conselho preferir *não* exercer sua autoridade de solicitar diretamente ao CEO que preste contas. A confusão e o obscurecimento da responsabilidade não ocorrem por causa da separação de papéis, mas por uma delegação malfeita de início.
- *Eliminando a ambigüidade para todos, inclusive para os que estão do lado de fora.* Embora o público atualmente perceba que o conselho e a liderança executiva são inseparáveis porque é isso o que muitas empresas vêm ensinando há bastante tempo, uma vez que os conselhos ensinem a si mesmos algo mais, a percepção pública seguir-se-á. A confusão pública começa não quando as pessoas que estão do lado de fora se perguntam "quem realmente comanda", mas sim quando os *conselheiros* se perguntam quem realmente comanda e, em seguida, transmitem a sua ambigüidade.

APÊNDICE C — PRESIDENTE E CEO — UMA OU DUAS PESSOAS? **151**

- *Preservando a integridade do conselho.* Os comitês estão subordinados ao conselho pleno. Não tem lógica afirmar que tudo o que há de suspeito na composição do todo poderá ser resolvido pela integridade das partes subordinadas. As Políticas de Governança fazem com que o conselho assuma uma responsabilidade *coletiva* e entenda que *todos* os seus membros trabalham para os acionistas.
- *Preservando a autoridade da função de CGO.* A suposta solução de ter um diretor principal, capaz de cobrir as falhas de um CGO que seja também CEO, é um exemplo da tendência humana a fugir da resolução do problema real — uma função comprometida, que torna difícil para o CGO enfrentar certos desafios nos momentos críticos. Nas Políticas de Governança, a função de CGO não é fraca ou desimportante; o CGO não se limita a bater o martelo. É uma função crucial para que o conselho cumpra sua responsabilidade de atuar como grupo autoritativo. Com um CGO adequado, que ajude o conselho a conservar sua disciplina segundo as Políticas de Governança, o diretor principal não é necessário. Confiar num diretor principal é como tomar o maior cuidado com o pára-quedas de emergência e, ao mesmo tempo, preocupar-se muito pouco com o *design* do pára-quedas principal.
- *Tornando a mudança mais desejável do que continuar com a tradição.* Um conselho eficiente não aceita a inércia como motivo para não fazer as mudanças necessárias na administração; tampouco deve aceitá-la em relação à governança. As razões sociopolíticas para se conservar o *status quo* não têm *nada a ver com a busca da integridade da liderança pelo conselho.*

É verdade que as pesquisas atuais não mostram diferenças de desempenho empresarial entre empresas com as funções separadas e com as funções combinadas. Mas, como os presidentes separados são, com muita freqüência, CEOs na prática (o que faz com que as posições sejam separadas apenas nominalmente), as pesquisas, na verdade, ainda não abordaram a questão.

Combinar as funções de CEO e CGO numa única pessoa só é uma atitude racional enquanto a governança corporativa é uma função subdesenvolvida. Depois que o conselho atinge uma responsabilidade coletiva, isso exige uma sólida liderança em governança — o que melhor se obtém com um *chief governance officer* separado.

Notas

1. G. Mills, citado in A. Cadbury, *The Company Chairman*, 2ª ed. (Hemel Hempstead, U. K.: Director Books, 1995), p. 9.

2. D. S. R. Leighton e D. H. Thain, *Making Boards Work: What Directors Must Do to Make Canadian Boards Effective* (Whitby, Ont.: McGraw-Hill Ryerson, 1997), pp. 44-45.

3. A. Cadbury, "The Corporate Governance Agenda", *Corporate Governance: An International Review*, 2000, 8(1), p. 10.

4. R. H. Carlsson, *Ownership and Value Creation: Strategic Corporate Governance in the New Economy* (Nova York: Wiley, 2001), p. 47.

5. J. W. Lorsch e E. MacIver, *Pawns or Potentates: The Reality of America's Corporate Boards* (Boston: Harvard Business School Press, 1989), pp. 94, 184.

6. K. N. Dayton, *Governance Is Governance* (Washington, D. C.: Independent Sector, 1987), pp. 7-8.

7. W. Knowlton e I. Millstein, "Can the Board of Directors Help the American Corporation Earn the Immortality It Holds So Dear?" in J. R. Meyer e J. M. Gustafson (orgs.), *The U. S. Business Corporation: An Institution in Transition* (Nova York: Ballinger, 1988), pp. 169-191.

8. J. Whitehead, citado in W. G. Bowen, *Inside the Boardroom: Governance by Directors and Trustees* (Nova York: Wiley, 1994), p. 83.

9. D. J. Cogel, citado por Carlsson, *Ownership and Value Creation*, p. 49.

10. H. Williams, "Corporate Accountability and Corporate Power", *in Power and Accountability: The Changing Role of the Corporate Board*, Benjamin Farless Memorial Lectures (Pittsburgh: Carnegie-Mellon University Press, 1979), p. 18.

11. A. Patton e J. C. Baker, "Why Directors Won't Rock the Boat", *Harvard Business Review*, 1987, pp. 10-18.

12. Ipsos-Reid Corporation, "The View of the Boardroom", [www.angus-reid.com/media], 30 de outubro de 2001.

13. McKinsey & Company, "Investor Opinion Survey on Corporate Governance" [www.gcgf.org/docs/72CGBrochure.pdf], junho de 2000.

14. J. A. Conger, E. E. Lawler III e D. L. Finegold, *Corporate Boards: New Strategies for Adding Value at the Top* (São Francisco: Jossey-Bass, 2001), p. 58.

15. R. H. Carlsson, *Ownership and Value Creation*, p. 70.

16. Cadbury, *The Company Chairman*, p. 13; Heidrick and Struggles International, *The Role of Chairman*, citado in Cadbury, *The Company Chairman*, p. 23.

17. R. Charan, *Boards at Work: How Corporate Boards Create Competitive Advantage* (São Francisco: Jossey-Bass, 1998), p. 50-51.

18. J. G. Beaver, *The Effective Board*, citado in Cadbury, *The Company Chairman*, p. 23.

19. Embora não argumentem em favor dessa afirmação, M. Lipton e J. Lorsch a discutem em "Dissenting and Concurring Views", *in The Will to Act*, Report of the

APÊNDICE C — PRESIDENTE E CEO — UMA OU DUAS PESSOAS?   153

Subcommittee on Corporate Governance and Financial Markets to the Competitiveness Policy Council, citado *in* Bowen, *Inside the Boardroom*, p. 87.

20. Charan, *Boards at Work*, p. 51 (itálico no original).

21. H. W. Jenkins Jr., "When CEOs Fail, Blame the Board", *Wall Street Journal*, 7 de novembro de 2001, p. A23.

22. Heidrick and Struggles International, *The Role of Chairman*, citado *in* Cadbury, *The Company Chairman*, p. 23.

23. Embora não argumentem em favor dessa afirmação, Lipton e Lorsch a discutem em "Dissenting and Concurring Views", citado *in* Bowen, *Inside the Boardroom*, p. 87.

24. Charan, *Boards at Work*, p. 51.

25. Cadbury, *The Company Chairman*, p. 13 (itálicos no original).

26. Embora não argumentem em favor dessa afirmação, Lipton e Lorsch a discutem em "Dissenting and Concurring Views", citado *in* Bowen, *Inside the Boardroom*, p. 87.

27. Charan, *Boards at Work*, p. 51.

28. Charan, *Boards at Work*, pp. 50-51.

29. R. D. Ward, *21st Century Corporate Boards* (Nova York: Wiley, 1997), p. 10ff, relata o evento em detalhe.

30. Bowen, *Inside the Boardroom*, p. 87.

Apêndice D

Conselheiros Internos

Os conselheiros *internos* (o costume americano) ou *executivos* (o costume britânico) estão presentes na maior parte dos conselhos de administração do mundo inteiro. As características que tornam um conselheiro *interno* ou *externo* não são tão claras como as palavras podem dar a entender. Essa ambigüidade é tema de um animado debate entre juristas, acadêmicos e acionistas ativistas. Os executivos que trabalham diretamente para o CEO são internos, não há dúvida. Mas podem ser designados também banqueiros de investimento e advogados contratados pelo CEO, além de ex-executivos da empresa. Nessa discussão, consideramos o CEO que é membro do conselho como um conselheiro interno, como qualquer outra pessoa do conselho cuja vida profissional, em relação à empresa, esteja total ou substancialmente sob o controle do CEO.

Este apêndice é dedicado a contestar a idéia de que uma empresa precisa de pessoal interno — *qualquer* pessoal interno — no conselho. No texto principal, argumentamos que a função de um conselho é pronunciar-se, autoritativa e desinteressadamente, em nome dos proprietários. A função do conselho não é de consultoria da administração. Para cumprir seu papel de governança, não há nenhuma necessidade de que as cadeiras do conselho sejam ocupadas por membros da administração. Se a tarefa única do conselho é ser um microcosmo dos proprietários, e não um braço da administração, é preciso questionar o que habilita o pessoal interno a executar essa tarefa com mais competência do que conselheiros externos. É preciso questionar especialmente de onde vêm essas qualidades, que supostamente compensariam o evidente conflito de funções.

Que os administradores façam parte do órgão para o qual trabalham representa um conflito de interesses tão evidente que, de fato, apenas o respaldo de uma longa tradição pode emprestar alguma credibilidade a essa prática. Quando estão no conselho, os administradores estão numa posição de servir a seus próprios interesses, acima dos interesses dos

APÊNDICE D — CONSELHEIROS INTERNOS

acionistas. O fato de que a maioria deles é íntegra demais para fazer isso conscientemente é secundário em relação ao fato de que o objetivo deveria ser o de construir um sistema isento de conflitos facilmente evitáveis. Além disso, como a agenda e as informações do conselho, na governança tradicional, são em grande parte geradas pela administração, a influência dos executivos sobre o conselho já é significativa, mesmo quando eles não fazem parte do conselho.

Deve existir uma forte influência que conserva essa prática do modo como está. E existe. Uma governança com menos poder do que deveria não pode cumprir adequadamente seu papel na cadeia de comando entre os proprietários e a administração. Para tornar essa inadequação menos evidente, elabora-se um protocolo, para dar a aparência de que o conselho está cumprindo uma função superior e detém o comando. Os conselhos de entidades não-lucrativas e governamentais adquirem essa aparência, em geral, intervindo em aspectos menores da administração. Os conselheiros de empresas, porém, normalmente são sofisticados demais no que se refere à administração para cair na armadilha do microgerenciamento. Portanto, um dos modos de se fazer com que o conselho permaneça aparentemente manejável (porque sua função não é administrar), mas sem parecer um mero cumpridor de formalidades, é inserir no pensamento e na composição do conselho, até certo ponto, os mesmos tópicos e as mesmas pessoas que fazem parte da administração. Afinal, se os conselheiros externos não sabem muito bem qual é a sua função, a empresa pode incluir no conselho administradores em número suficiente para lhes dizer qual é — sem que o subordinado pareça estar mandando no superior.

Somente a velha e tradicionalmente tolerada hegemonia da administração sobre o processo de governança pode explicar essa prática. E, enquanto a governança corporativa continuar existindo como subproduto da administração, e não como uma prática importante em si mesma, as empresas vão continuar transportando a linguagem, as qualificações, os formatos dos relatórios e as personalidades da administração para dentro do conselho. As empresas confundiram tão completamente a governança com a administração que se tornou impossível para o conselho tradicional funcionar quando não suprido de pessoal interno — do pessoal que "realmente sabe o que está acontecendo". As empresas vêm tratando a governança como simples extensão da administração sob forma coletiva já há tanto tempo que o hábito de preencher, ou mesmo ocupar inteiramente, o conselho com pessoal interno parece inquestionavelmente necessário.

Depois de dado esse passo, a prática consiste em disfarçar o conflito de interesses e a contradição inerente com a elaboração de listas de tarefas para os conselheiros internos e para os conselheiros externos. Os comitês de auditoria, por exemplo, devem se compor de externos (embora a prática de incluir internos ainda persista). Essas corajosas tentativas de determinar quem deve fazer o quê revelam, em geral, que os conselheiros externos ficam com a maior parte das tarefas que nós associaríamos à governança,[1] ao passo que os conselheiros internos acabam participando dos assuntos mais... bem, dos assuntos mais internos.

Não estamos, de modo algum, contestando a necessidade de que o CEO e outros administradores estejam à disposição do conselho. Não estamos argumentando que o CEO — ou outros executivos, quando for o caso — deve estar ausente das reuniões do conselho. Estamos argumentando que não é necessário estar *no* conselho para ser muito produtivo *com* o conselho. Na verdade, os conselhos estariam sendo imprudentes ao extremo se fizessem seu importante trabalho sem o aconselhamento e a informação que os executivos podem proporcionar. No entanto, não existe *nada*, na adequada governança corporativa, que dependa da presença *votante* de pessoal interno no conselho.

Além disso — como muitos autores salientaram, ou mesmo argumentaram detalhadamente —, as qualificações necessárias para a administração e a governança são bem diferentes.[2] A administração é — ou deveria ser — selecionada por sua capacidade de gerir a empresa, e não por sua capacidade de interpretar os acionistas. Quando se escolhe um conselheiro, não há dúvida de que a qualificação principal é a capacidade de governar. É claro que qualquer executivo pode possuir, individualmente, qualificações para a governança, e que qualquer conselheiro pode também possuir as qualificações ou o temperamento apropriados para administrar a empresa. Mas é a habilidade necessária, e não as opcionais, que deve predominar como qualificação para a função.

O único argumento real contra a remoção do pessoal interno do conselho é o choque imediato que isso deve provocar nos analistas, nos investidores e no próprio pessoal interno. Mas os analistas e investidores aprendem coisas novas todos os dias, e nós asseguramos que eles são capazes de aprender rapidamente que a ausência de conselheiros internos não quer dizer falta de confiança na administração. Portanto, além do efêmero medo da mudança em si mesma, simplesmente *não há nenhuma desvantagem* na eliminação dos internos do conselho, tão logo o conselho aceite o desafio da governança real.

Notas

1. J. Balkcom e D. Tormey, "The Street Fight over Board-Management Policy", *The Corporate Board*, 1998, *19*(111), 11-16.

2. E. Sternberg, *Just Business: Business Ethics in Action* (Boston: Little, Brown, 1994); Balkcom e Tormey, "The Street Fight over Board-Management Policy"; J. W. Lorsch e E. MacIver, *Pawns or Potentates: The Reality of America's Corporate Boards* (Boston: Harvard Business School Press, 1989).

Apêndice E

EXEMPLOS DE POLÍTICAS DO CONSELHO NO MODELO DE POLÍTICAS DE GOVERNANÇA

No modelo de Políticas de Governança, os princípios em que o conselho fundamenta sua autoridade se expressam em termos de receber (dos proprietários) e transmitir (para a administração, em grande parte) essa autoridade. Os documentos que expressam as decisões tomadas pelo conselho quanto a receber e transmitir autoridade podem ter o nome que o conselho preferir, mas, no modelo, são chamados de *políticas*. Embora o modelo proporcione os princípios nos quais se baseia a função do conselho e uma estrutura de políticas que torna possível para o conselho organizar e alavancar todas as suas decisões de modo a abarcar toda a empresa, *o modelo não determina o conteúdo ou nível de detalhamento exato das políticas do conselho*, mas somente as linhas gerais em que são criados. A estrutura das políticas das Políticas de Governança é simplesmente isso — uma *estrutura* cuidadosamente elaborada, feita para ser preenchida por cada conselho individualmente.

Portanto, embora as políticas apresentadas como exemplos neste apêndice sejam coerentes com o modelo das Políticas de Governança, elas não são necessariamente as políticas que um determinado conselho deve ter. Mesmo que algum tópico de uma política seja útil para um determinado conselho, o conteúdo da política pode não ser necessariamente aquele que o conselho deve adotar. Além disso, a profundidade ou nível de detalhamento mostrado aqui pode não ser o que cada conselho específico vai preferir. Essas políticas são exemplos, e os conselhos devem ter em mente adaptá-las ou criar suas próprias políticas conforme necessário. Diferentemente do texto principal, os exemplos adotam nosso novo termo *CGO*, em vez de *presidente*.

Esses exemplos ou modelos de políticas estão organizados conforme as quatro categorias de políticas descritas no texto principal. Cada política é intitulada segundo seu tema e sua categoria. Aqui vai uma breve recapitulação das categorias de políticas, na ordem de seu aparecimento nestas páginas:

- **Processo de Governança.** Essa categoria trata de todas as questões pertinentes à função do conselho e à relação entre o conselho e terceiros (com exceção da relação especial com o CEO). As políticas pertencentes a essa categoria descrevem a função do conselho, a função do *chief governance officer*, as funções dos comitês do conselho e o elo entre o conselho e os acionistas.
- **Delegação Conselho/Diretoria.** Essa categoria descreve o modo como o conselho conecta a governança à administração. Como a maioria dos conselhos prefere utilizar um CEO, essas políticas normalmente descrevem a função do CEO, a natureza da delegação executiva e o método de monitoramento, avaliação e remuneração do CEO.
- **Fins.** Essa categoria é a única que trata dos fins, e não dos meios, da empresa. Nela o conselho descreve o valor para o proprietário em vista do qual o CEO deve operar a empresa. Embora as companhias familiares e outras empresas possam ter outras razões centrais de existência além do valor acionário concebido em termos monetários, é bem provável que as grandes empresas de capital aberto não apenas se concentrem somente no valor acionário como fim da empresa como também renomeiem essa categoria como Valor Acionário. Como resultado desse enfoque direto, essa categoria é, muitas vezes, excepcionalmente breve. (Nos exemplos, apresentaremos políticas — todas elas no nível mais genérico — para empresas de capital aberto, para uma empresa individual, para uma empresa iniciante tocada por um grupo de amigos e para um negócio em família.)
- **Limitações Administrativas.** Essa categoria proíbe à administração certos métodos, condutas, circunstâncias, práticas, etc. que o conselho considera meios inaceitáveis para se atingir os fins estabelecidos. É verbalmente negativa, mas psicologicamente positiva — no sentido de que o CEO está autorizado a tomar qualquer decisão e se dedicar a qualquer atividade que não viole essas políticas.

Cada política obedece a uma arquitetura que reflete a necessidade de se tomar primeiro as maiores decisões, depois as imediatamente menores e assim por diante, como se vê no modelo. Como vimos antes, decisões *grandes* e *pequenas* não correspondem a *importantes* e *desimportantes*, mas a *amplas* e *estreitas*. O conselho pode se deter em qualquer nível; portanto, o conselho, ao decidir suas próprias políticas, poderá formular políticas mais breves ou mais extensas do que essas. Há alguns pontos nessas políticas que requerem uma adequada revisão jurídica. Nada foi incluído nessas políticas com a intenção de dispensar a necessária consulta a um advogado.

Sumário

Categoria de Política: Processo de Governança
1.0 Comprometimento com a governança
    1.1 Filosofia de Responsabilidade
    1.2 Responsabilidade Social
    1.3 Estilo de Governança
    1.4 Descrição das Funções do Conselho
    1.5 Articulação Conselho-Acionista
    1.6 Planejamento da Agenda
    1.7 Função do CGO
    1.8 Conduta dos Conselheiros
    1.9 Princípios Relativos aos Comitês
    1.10 Estrutura dos Comitês
    1.11 Investimento em Governança

Categoria de Política: Delegação Conselho/Diretoria
2.0 Delegação ao CEO
    2.1 Unidade do Controle
    2.2 Responsabilidade do CEO
    2.3 Natureza da Delegação ao CEO
    2.4 Monitoramento do Desempenho do CEO
    2.5 Remuneração do CEO
    2.6 Demissão do CEO

Categoria de Política: Fins
3.0 Valor Acionário [para uma empresa de capital aberto]
3.0 Valor Acionário [para uma outra empresa de capital aberto]
3.0 Finalidade da Empresa [para um negócio de propriedade de uma única pessoa]
3.0 Finalidade da Nossa Empresa [para um grupo de empreendedores iniciantes]
3.0 Centro da Vida Ocupacional da Família [para um negócio em família]

Categoria de Política: Limitações Administrativas
4.0 Restrições Básicas aos Executivos
    4.1 Tratamento dos grupos com interesse na organização
    4.2 Tratamento dos Empregados
    4.3 Planejamento Financeiro e Orçamento
    4.4 Condições e Atividades Financeiras
    4.5 Perda Repentina do CEO
    4.6 Proteção dos Ativos

APÊNDICE E — EXEMPLOS DE POLÍTICAS DO CONSELHO...

4.7 Investimentos
4.8 Remuneração e Benefícios
4.9 Informação e Suporte ao Conselho
4.10 Negociação de Valores Mobiliários da Empresa
4.11 Diversificação
4.12 Relacionamento com os Acionistas

Política 1.0: Comprometimento com a Governança
Categoria de Política: Processo de Governança

A finalidade do conselho consiste em providenciar, em nome dos acionistas, que a empresa: (a) atinja resultados adequados para os acionistas; e (b) evite ações e situações inaceitáveis.

1. **Filosofia da Responsabilidade.** A responsabilidade essencial do conselho é perante os acionistas.
2. **Responsabilidade Social.** Embora o conselho reconheça que sua obrigação principal consiste em operar em prol dos interesses dos acionistas, essa fidelidade é condicionada pelo dever para com a ordem social e a boa cidadania.
3. **Estilo de Governança.** O conselho governará obedecendo à lei e enfatizando: (a) a visão externa, em lugar das preocupações internas; (b) o estímulo à diversidade de opiniões; (c) a liderança estratégica, preferivelmente aos detalhes administrativos; (d) a distinção clara entre as funções do conselho e do principal executivo; (e) as decisões coletivas, em lugar das individuais; (f) o futuro, em lugar do passado ou do presente; e (g) a proatividade, em lugar da reatividade.
4. **Descrição das Funções do Conselho.** Os objetivos específicos (valores agregados) das funções do conselho, enquanto representante informado dos acionistas, são aqueles que garantam uma seqüência ininterrupta de responsabilidade, dos acionistas ao desempenho da empresa.
5. **Articulação Conselho-Acionista.** Enquanto representante dos interesses dos acionistas, o conselho preservará um elo permanente entre os proprietários e os operadores.
6. **Planejamento da Agenda.** Para realizar suas funções com um estilo de governança coerente com as políticas do conselho, o conselho obedecerá a uma agenda anual que (a) concluirá uma revisão das políticas de Fins; (b) reexaminará as políticas de Limitações Administrativas e o grau de suficiência de sua proteção contra os riscos; e (c) aperfeiçoará continuamente o desempenho do conselho por meio da educação do conselho, de substanciais contribuições externas e da deliberação.

7. **Função do CGO.** O *chief governance officer* (CGO) assegurará a integridade do processo do conselho e, secundariamente, representará o conselho, conforme necessário, perante terceiros, incluindo os acionistas, mas sem limitar-se a eles.
8. **Conduta dos Conselheiros.** O conselho e os seus membros se comprometem a observar uma conduta ética, profissional e lícita, o que inclui o uso adequado da autoridade por parte de seus membros e o decoro próprio quando de sua atuação como conselheiros.
9. **Princípios Relativos aos Comitês.** Os comitês do conselho, quando utilizados, serão constituídos de modo a reforçar a integridade da função do conselho e, portanto, a jamais interferir na delegação do conselho ao CEO.
10. **Estrutura dos Comitês.** Os comitês do conselho são aqueles instituídos por ato do conselho, juntamente com seus objetivos, cronogramas e autorização pelo conselho para uso de recursos e tempo da administração. Salvo determinação em contrário, um comitê deixa de existir tão logo concluída sua tarefa.
11. **Investimento em Governança.** O conselho investirá deliberadamente em sua capacidade de governar com competência e inteligência.

Política 1.1: Filosofia de Responsabilidade
Categoria de Política: Processo de Governança

A responsabilidade essencial do conselho é perante os acionistas.

1. O conselho é o único órgão da empresa que exerce a função de representante em relação aos acionistas. Essa função é indelegável.
2. O principal critério de avaliação do desempenho do conselho será sempre concebido tendo em vista sua responsabilidade essencial perante os acionistas.
3. Não obstante a primazia dessa responsabilidade, e sem prejuízo dela, o conselho reconhece a obrigação de toda pessoa física ou jurídica para com a ética e o comportamento correto na sociedade.
4. A responsabilidade do conselho será cumprida por meio de suas próprias ações e de uma meticulosa estrutura de delegação, a qualquer pessoa ou entidade a quem o conselho outorgue uma parcela de sua autoridade.
   A. A responsabilidade perante os acionistas será cumprida principalmente por meio da elaboração, pelo conselho, de adequadas políticas de Fins e de meticulosas políticas de Limitações Administrati-

APÊNDICE E — EXEMPLOS DE POLÍTICAS DO CONSELHO...	**163**

vas, sendo o CEO responsável, perante o conselho, pelo cumprimento dessas políticas.

B. A responsabilidade perante a lei, os grupos com interesse não-financeiros na organização e a sociedade em geral será cumprida principalmente por meio da elaboração, pelo conselho, de políticas de Limitações Administrativas, informadas pelos valores do conselho quanto à lei e à ética.

Política 1.2: Responsabilidade Social

Categoria de Política: Processo de Governança

Embora o conselho reconheça que sua obrigação principal consiste em operar em prol dos interesses dos acionistas, essa fidelidade é condicionada pelo dever para com a ordem social e a boa cidadania.

1. A empresa atuará de modo lícito, observando a transparência e os padrões éticos publicamente aceitos, independentemente de qualquer impacto negativo sobre o valor acionário.
2. Ao determinar os Fins da empresa, entre a grande diversidade de interesses dos acionistas, o conselho dará maior peso ao valor acionário de longo prazo, devido aos benefícios sociais da longevidade corporativa estável.
3. As contribuições de caridade materiais deverão ser justificáveis por um conseqüente impacto presumível sobre o valor acionário — por meio do impacto publicitário, do impacto moral sobre os empregados ou de outras boas práticas empresariais —, exceto quando indicadas diretamente por acionistas.

Política 1.3: Estilo de Governança

Categoria de Política: Processo de Governança

O conselho governará obedecendo à lei e enfatizando: (a) a visão externa, em lugar das preocupações internas; (b) o estímulo à diversidade de opiniões; (c) a liderança estratégica, preferivelmente aos detalhes administrativos; (d) a distinção clara entre as funções do conselho e do principal executivo; (e) as decisões coletivas, em lugar das individuais; (f) o futuro, em lugar do passado ou do presente; e (g) a proatividade, em lugar da reatividade.

1. O conselho cultivará um senso de responsabilidade coletiva. O conselho, e não a administração, será responsável pela excelência em governança.

O conselho terá a iniciativa quanto às políticas, não simplesmente reagindo às iniciativas da administração. O conselho poderá utilizar os conhecimentos de seus membros individuais para incrementar a competência do conselho enquanto órgão, ao mesmo tempo em que evitará que os valores do conselho sejam substituídos por opiniões individuais.

2. O conselho deverá dirigir, controlar e inspirar a empresa por meio de uma cuidadosa elaboração, por escrito, de políticas que refletirão os valores e as perspectivas do conselho. O principal enfoque das políticas do conselho estará no valor para o acionista e na limitação dos riscos, e não nos métodos administrativos para se obter tais efeitos.

3. O conselho imporá a si mesmo toda a disciplina necessária à excelência em governança. A disciplina se aplicará a tópicos como a freqüência, a preparação das reuniões, os princípios de elaboração das políticas, o respeito às funções e a garantia da continuidade da competência em governança. Embora possa alterar suas políticas de processo de governança a qualquer tempo, o conselho as respeitará escrupulosamente enquanto estiverem em vigor.

4. O desenvolvimento continuado do conselho incluirá a orientação dos novos conselheiros quanto ao processo de governança do conselho e discussões periódicas, no conselho, quanto ao aperfeiçoamento do processo.

5. O conselho não permitirá que o CGO, que qualquer conselheiro ou que qualquer comitê do conselho obstrua o cumprimento de seus deveres ou se constitua em pretexto para o descumprimento.

6. O conselho deverá monitorar e discutir o processo e o desempenho do conselho a cada reunião. O automonitoramento incluirá uma comparação da atividade e disciplina do conselho com as políticas de Processo de Governança e de Delegação Conselho/Diretoria.

Política 1.4: Descrição das Funções do Conselho
Categoria de Política: Processo de Governança

Os objetivos específicos das funções do conselho, enquanto representante informado dos acionistas, são aqueles que garantam uma seqüência ininterrupta de responsabilidade, dos acionistas ao desempenho da empresa.

1. Um elo confiável entre os acionistas e a empresa operacional.

2. Políticas escritas de governança a respeito de todas as decisões e situações da empresa em seus níveis mais gerais.

APÊNDICE E — EXEMPLOS DE POLÍTICAS DO CONSELHO...

A. *Políticas de Fins*: o desempenho que se espera da empresa em termos de benefícios e destinatários desses benefícios, segundo o desejo dos proprietários da empresa.
B. *Políticas de Limitações Administrativas*: as restrições à autoridade executiva que estabelecem os limites de prudência e ética dentro dos quais devem se situar todas as atividades e decisões executivas.
C. *Políticas de Processo de Governança*: a especificação do modo como o conselho concebe, executa e monitora sua própria função e assegura sua competência a longo prazo no cumprimento dessa função.
D. *Políticas de Delegação Conselho/Diretoria*: o modo como se delega o poder e como se monitora sua utilização; a função, a autoridade e a responsabilidade do CEO.

3. Um desempenho bem-sucedido da administração quanto às expectativas declaradas nas categorias de política 2A e 2B acima.

Política 1.5: Articulação Conselho-Acionista
Categoria de Política: Processo de Governança

Enquanto representante dos interesses dos acionistas, o conselho preservará um elo permanente entre os proprietários e os operadores.

1. O processo de governança será filosoficamente alinhado com a preservação desse elo.
   A. Enquanto órgão, o conselho representará todos os acionistas, e não apenas os majoritários ou de grande porte.
2. A mecânica da relação estará a serviço da preservação desse elo.
   A. O conselho, em seu todo ou por meio de conselheiros nomeados, deverá reunir-se regularmente com investidores institucionais e com outros investidores, quando viável.
   B. O conselho deverá realizar sondagens entre os acionistas, ou apurar sua opinião sob outra forma, quando das assembléias anuais e fora delas.
   C. O conselho, por meio de suas políticas de Limitações Administrativas, exigirá transparência e precisão nas relações entre a administração e os acionistas.

Política 1.6: Planejamento da Agenda

Categoria de Política: Processo de Governança

Para realizar suas funções com um estilo de governança coerente com as políticas do conselho, o conselho obedecerá a uma agenda anual que (a) concluirá uma revisão das políticas de Fins; (b) reexaminará as políticas de Limitações Administrativas e o grau de suficiência de sua proteção contra os riscos; e (c) aperfeiçoará continuamente o desempenho do conselho por meio da educação do conselho, de substanciais contribuições externas e da deliberação.

1. Cada ciclo anual se concluirá no último dia de [*especificar o mês*], de modo que o planejamento operacional e o orçamento possam se basear na realização dos Fins declarados pelo conselho a cada ano.
2. O ciclo se iniciará com o desenvolvimento, pelo conselho, de sua agenda para o ano seguinte.
3. Durante o ano, o conselho atenderá aos itens da agenda que não dependam de discussão, tão prontamente quanto possível.
4. Salvo em caso de confirmação, o monitoramento do CEO será incluído na agenda somente quando, na opinião da maioria dos conselheiros, os relatórios de monitoramento deixarem de demonstrar o cumprimento das políticas, ou quando os critérios das políticas estiverem sendo discutidos.
5. A remuneração do CEO será decidida após a revisão dos relatórios de monitoramento recebidos no ano anterior, dentro do primeiro trimestre, tão logo quanto possível.
6. Ao finalizar cada reunião para definição de agenda, o CGO permitirá que se incluam tópicos emergentes e recomendações de itens específicos por cada conselheiro.

Política 1.7: Função do CGO

Categoria de Política: Processo de Governança

O *chief governance officer* (CGO) assegurará a integridade do processo do conselho e, secundariamente, representará o conselho, conforme necessário, perante terceiros, incluindo os acionistas, mas sem limitar-se a eles.

1. A tarefa do CGO consiste em assegurar que o conselho se comporte de modo coerente com suas próprias regras e com as determinações legitimamente impostas por autoridades externas à empresa.

APÊNDICE E — EXEMPLOS DE POLÍTICAS DO CONSELHO... **167**

A. O conteúdo da discussão nas reuniões se constituirá somente dos tópicos que, segundo a política do conselho, cabem claramente ao conselho, e não ao CEO, decidir.

B. A deliberação será franca, aberta e completa; mas também oportuna, metódica e adstrita ao tema em discussão.

2. A autoridade do CGO consiste em tomar decisões dentro dos tópicos incluídos nas políticas do conselho referentes ao Processo de Governança e à Delegação Conselho/Diretoria, exceto: (a) contratação ou demissão de CEO; e (b) qualquer parcela dessa autoridade que o conselho tenha especificamente delegado a terceiros. O CGO está autorizado a adotar qualquer interpretação razoável das provisões contidas nas políticas de Processo de Governança e de Delegação Conselho/Diretoria.

A. O CGO tem autoridade para presidir as reuniões do conselho, com poder para todos os atos comumente admitidos para essa posição (como, por exemplo, comandar, reconhecer).

B. O CGO não tem autoridade para tomar decisões relativas às áreas abrangidas pelas políticas de Fins e de Limitações Administrativas.

C. O CGO pode representar o conselho perante terceiros, anunciando posições firmadas pelo conselho e declarando decisões e interpretações dentro da área que lhe foi delegada.

D. O CGO poderá delegar qualquer parcela de sua autoridade para outro conselheiro, mas permanecerá responsável pela utilização dela.

Política 1.8: Conduta dos Conselheiros

Categoria de Política: Processo de Governança

O conselho e os seus membros se comprometem a observar uma conduta ética, profissional e lícita, o que inclui o uso adequado da autoridade por parte de seus membros e o decoro próprio quando de sua atuação como conselheiros.

1. Os membros do conselho devem ser leais aos acionistas e manter-se imunes a conflitos com sua lealdade à administração, a outras organizações e ao interesse pessoal.

2. Os membros do conselho devem evitar conflitos de interesses em relação a sua responsabilidade fiduciária.

A. Não haverá autocontratação ou negociação entre o conselheiro e a empresa, exceto quando aprovada pelo conselho e devidamente divulgada conforme as exigências das [*autoridades reguladoras*]. Os membros divulgarão, a cada ano, seu envolvimento com outras organizações, operadores ou quaisquer associações, conforme as exigências das [*autoridades reguladoras*], não importando se esse envolvimento pode ou não ser um conflito ou ser razoavelmente visto como tal.

B. No momento em que o conselho for decidir se um de seus membros tem ou não um conflito incontornável de interesses, esse membro se ausentará, sem fazer comentários, não somente da votação como também da deliberação.

3. Os membros do conselho não poderão tentar exercer autoridade individual sobre a empresa.

A. A interação entre os conselheiros e o CEO ou a administração deverá observar a ausência de autoridade dos membros individuais, exceto quando explicitamente autorizados pelo conselho.

B. Todas as comunicações externas se darão por intermédio do CGO ou do CEO. A interação inevitável do conselheiro com os acionistas, o público, a imprensa e outros entes deverá observar a mesma limitação e incompetência, por parte de qualquer conselheiro, para falar em nome do conselho ou da companhia.

C. Salvo para participar da deliberação do conselho quanto à interpretação razoável de uma política pelo CEO, os conselheiros não deverão expressar opiniões individuais quanto ao desempenho dos empregados ou do CEO.

4. Os membros do conselho respeitarão o caráter confidencial apropriado aos tópicos de natureza delicada.

5. Os membros do conselho deverão se preparar devidamente para as deliberações no conselho.

6. Quanto à negociação dos valores mobiliários da empresa, o conselho e os seus membros individuais se comprometem, quando de posse de informações confidenciais, a observar a conduta ética, além das determinações da lei e da [*autoridade reguladora*], sob pena de remoção do conselho.

A. Não haverá negociação, ou indução à negociação em caso de posse de informações confidenciais importantes.

i. Nenhum conselheiro poderá comprar ou vender qualquer valor mobiliário da empresa, emitido ou não pela empresa, enquanto estiver na posse de informações confidenciais importantes relativas a tal valor mobiliário.

ii. Nenhum conselheiro que vier a tomar conhecimento de informações confidenciais importantes poderá comunicar tais infor-

APÊNDICE E — EXEMPLOS DE POLÍTICAS DO CONSELHO... **169**

mações a qualquer outra pessoa, se tiver razões para supor que essas informações poderão ser utilizadas indevidamente no mercado de valores mobiliários.

iii. Os conselheiros, os cônjuges dos conselheiros, as outras pessoas que vivam em suas residências, seus filhos menores de idade e entes sobre os quais essas pessoas exerçam controle (doravante denominadas "Pessoas Relacionadas") não poderão negociar valores mobiliários da empresa sem autorização prévia.

a. Nenhuma Pessoa Relacionada poderá, direta ou indiretamente, comprar ou vender qualquer valor mobiliário emitido pela empresa sem solicitar e obter a prévia aprovação de um consultor interno (o *Compliance Officer*), que deverá examinar e assegurar a legalidade da transação, bem como sua compatibilidade com as políticas.

b. Será mantido um registro da data de recebimento de cada solicitação, bem como da data e hora em que cada solicitação for aprovada ou rejeitada. Salvo se revogada, cada permissão terá validade até o horário de fechamento do mercado, no segundo dia útil após a data de sua outorga.

c. As solicitações serão aprovadas somente para negócios programados para as três primeiras semanas a partir do terceiro dia útil após a publicação da demonstração trimestral ou anual de resultados, o que inclui os comentários aos novos desenvolvimentos durante o período. Nos períodos em que não houver uma relativa estabilidade das operações da empresa e do mercado em relação a seus valores mobiliários, ou em que informações confidenciais importantes chegarem ao conhecimento do requerente (conselheiro), a pré-autorização poderá ser recusada.

d. Os recursos contra decisões do *Compliance Officer* deverão ser dirigidos exclusivamente ao Comitê de Auditoria.

iv É vedado às Pessoas Relacionadas tomar parte nas práticas de negociação relacionadas a seguir sem prévia aprovação do Comitê de Auditoria.

a. As Pessoas Relacionadas que adquirirem valores mobiliários emitidos pela empresa (a não ser da própria empresa, como no exercício de opções de ações) deverão manter esses valores por um período mínimo de seis meses.

b. As Pessoas Relacionadas não poderão vender os valores mobiliários da empresa a descoberto.

c. As Pessoas Relacionadas não poderão comprar ou vender opções de compra ou de venda dos valores mobiliários da empresa. Essa proibição não restringe o exercício das opções concedidas pela empresa, mas proíbe as Pessoas Relacionadas de subscrever, comprar ou vender no mercado opções como de compra ou de venda.

d. As Pessoas Relacionadas não poderão comprar os valores mobiliários da empresa na margem, exceto em conexão com empréstimo de curtíssimo prazo ligado ao exercício eletrônico de opções de ações concedidas pela empresa.

B. Todos os conselheiros deverão assinar um termo de certificação e concordância com essa política.

Política 1.9: Princípios Relativos aos Comitês
Categoria de Política: Processo de Governança

Os comitês do conselho, quando utilizados, serão constituídos de modo a reforçar a integridade da função do conselho e, portanto, a jamais interferir na delegação do conselho ao CEO.

1. Os comitês do conselho têm o propósito de ajudar o conselho a cumprir sua função; não, porém, de auxiliar, aconselhar ou exercer autoridade sobre a administração. Os comitês assistirão o conselho, ordinariamente, preparando alternativas e implicações de políticas para deliberação do conselho, ou executando funções de auditoria específicas.

2. Os comitês do conselho não podem se pronunciar ou atuar em nome do conselho, exceto quando receberem formalmente tal autoridade, para propósitos específicos e limitados no tempo.

3. Os objetivos, a composição e a autoridade de cada comitê serão minuciosamente estabelecidas na política de "Estrutura dos Comitês", a fim de determinar cronogramas de desempenho e sistemas de monitoramento do trabalho do comitê, bem como para evitar conflitos com a autoridade delegada ao CEO.

4. Uma vez que o CEO trabalha para o conselho pleno, não se exigirá que ele obtenha aprovação de um comitê do conselho antes de um ato executivo, exceto quando tal ato couber ao conselho, e não à administração, e a respectiva autoridade do conselho tiver sido formalmente outorgada ao comitê, e este houver determinado ao CEO a execução do referido ato (concessão de opções de ações, por exemplo).

APÊNDICE E — EXEMPLOS DE POLÍTICAS DO CONSELHO... 171

5. Salvo disposição em contrário na política de "Estrutura dos Comitês", um comitê deixa de existir tão logo concluída sua tarefa.
6. Um comitê será comitê do conselho somente se sua existência e seus encargos provierem do conselho, sendo ou não composto de conselheiros. Esta política não se aplica aos comitês formados sob a autoridade do CEO.

Política 1.10: Estrutura dos Comitês
Categoria de Política: Processo de Governança

Os comitês do conselho são aqueles instituídos por ato do conselho, juntamente com seus objetivos, cronogramas e autorização pelo conselho para uso de recursos e do tempo da administração. Salvo determinação em contrário, um comitê deixa de existir tão logo concluída sua tarefa.

1. Comitê de Auditoria
   A. *Objetivos*: (a) especificação anual do escopo da auditoria, anteriormente à auditoria externa, em conformidade com a política de monitoramento do conselho; (b) avaliação da independência do auditor; (c) confirmação da integridade da auditoria, logo após a sua conclusão; indicação do auditor para apreciação dos acionistas.
   B. *Autoridade*: dirigir o trabalho do auditor externo, empregar o tempo da administração conforme o exigido para fins de suporte administrativo e dirigir o trabalho do consultor externo contratado pelo conselho para temas relativos à auditoria. Para todas as atividades, incluindo a auditoria, utilizar-se-á um máximo de [*quantia em dinheiro*].
2. Comitê de Opções de Ações
   A. *Objetivo*: concessão anual e condições de concessão de opções de ações aos empregados e consultores, para apreciação do conselho, dentro dos termos especificados pelo plano de opções de ações sob o qual for feita a concessão.
   B. *Autoridade*: utilização de um máximo de [*número*] de horas do tempo da administração e de [*quantia em dinheiro*] para consultoria externa.
3. Comitê de Desenvolvimento de Conselheiros
   A. *Objetivos*: (a) conselheiros em potencial, devidamente selecionados, no máximo até fevereiro de cada ano, embora não se exija que se apresentem mais candidatos além do necessário para o preenchimento de duas novas vagas no conselho a cada período de doze meses; (b) aperfeiçoamento dos conselheiros para o desenvolvimento de políticas e assuntos estratégicos selecionados pelo conselho.

B. *Autoridade*: máximo de [*quantia em dinheiro*] e de [*número*] horas do tempo da administração, além do direito de exigir a presença de todos os conselheiros nas atividades de treinamento e desenvolvimento.

4. Comitê de Remuneração

A. *Objetivo*: alternativas de remuneração anual global do CEO, para apreciação do conselho, adotando qualquer interpretação razoável da política de "Remuneração do CEO". A composição global da remuneração deverá ser apresentada para apreciação do conselho em tempo hábil, de modo a permitir uma posição definitiva quanto ao contrato, por ambas as partes, no mínimo [*número*] dias antes do término do prazo do contrato vigente do CEO.

B. *Autoridade*: máximo de [*quantia em dinheiro*], inclusive para pesquisas de remuneração no mercado e consultoria externa para redação do contrato, e utilização de no máximo [*número*] horas do tempo da administração.

Política 1.11: Investimento em Governança
Categoria de Política: Processo de Governança

O conselho investirá deliberadamente em sua capacidade de governar com competência e inteligência.

1. As qualificações, os métodos e o suporte do conselho serão suficientes para assegurar a excelência em governança.

A. Adotar-se-ão amplamente o treinamento e o retreinamento, a fim de orientar os novos membros e candidatos a membros do conselho e de preservar e aperfeiçoar as qualificações e a capacitação dos membros já efetivos.

B. Independentemente do monitoramento, a assistência será organizada de modo a permitir que o conselho exerça um controle seguro sobre o desempenho da empresa. Isso inclui a auditoria fiscal, sem limitar-se a ela.

2. Os investimentos serão feitos com prudência, embora não à custa de comprometer o desenvolvimento e a manutenção da capacitação superior.

A. Os gastos com auditores externos serão de no máximo [*quantia em dinheiro*] em [*ano*], com acréscimos de [*porcentagem*] até [*ano*].

B. Os gastos com treinamento e orientação de novos conselheiros serão de no máximo [*quantia em dinheiro*] anuais em [*ano*], com acréscimos de [*porcentagem*] até [*ano*].

APÊNDICE E — EXEMPLOS DE POLÍTICAS DO CONSELHO...

C. Os gastos com treinamento do conselho, análises de mercado, projeções para o futuro e pesquisas de opinião entre os acionistas serão de no máximo [*quantia em dinheiro*] em [*ano*], com acréscimos de [*porcentagem*] até [*ano*].

Política 2.0: Delegação ao CEO

Categoria de Política: Delegação Conselho/Diretoria

O único elo oficial de ligação entre o conselho e a empresa operacional, suas atividades e sua conduta se dará por intermédio de um *chief executive officer* (CEO).

1. **Unidade do Controle.** Somente as determinações oficialmente sancionadas pelo conselho, ao pronunciar-se autoritativamente como grupo, são obrigatórias para o CEO.

2. **Responsabilidade do CEO.** O CEO é o único elo de ligação entre o conselho e as atividades operacionais e a conduta da empresa, de modo que toda autoridade e responsabilidade da administração é considerada pelo conselho como autoridade e responsabilidade do CEO.

3. **Natureza da Delegação ao CEO.** O conselho instruirá o CEO por meio de políticas escritas, que prescreverão o benefício a ser gerado para os acionistas e descreverão situações e ações empresariais a ser evitadas, permitindo que o CEO adote qualquer interpretação razoável dessas políticas.

4. **Monitoramento do Desempenho do CEO.** O monitoramento sistemático e rigoroso do desempenho do CEO no cumprimento de suas funções será feito exclusivamente segundo os critérios dispostos nas políticas de Fins e de Limitações Administrativas do conselho.

5. **Remuneração do CEO.** A remuneração do CEO será decidida pelo conselho, coletivamente, e se baseará no desempenho da empresa e na situação do mercado executivo.

6. **Demissão do CEO.** A demissão do CEO é de autoridade exclusiva do conselho, não delegada a nenhum representante ou comitê.

Política 2.1: Unidade do Controle

Categoria de Política: Delegação Conselho/Diretoria

Somente as determinações oficialmente sancionadas pelo conselho, ao pronunciar-se autoritativamente como grupo, são obrigatórias para o CEO.

1. As decisões ou instruções individuais dos conselheiros, representantes ou comitês não são obrigatórias para o CEO, exceto nos raros casos em que o conselho tenha especificamente autorizado tal exercício de autoridade.
2. Se diretores ou comitês lhe solicitarem informações ou assistência sem autorização do conselho, o CEO poderá recusar as solicitações que, na opinião do CEO, demandarem um volume substancial de tempo ou de recursos da administração, ou que forem inoportunas.

Política 2.2: Responsabilidade do CEO

Categoria de Política: Delegação Conselho-Diretoria

O CEO é o único elo de ligação entre o conselho e as atividades operacionais e a conduta da empresa, de modo que toda autoridade e responsabilidade da administração é considerada pelo conselho como autoridade e responsabilidade do CEO.

1. O conselho jamais dará instruções a pessoas que se reportem direta ou indiretamente ao CEO.
2. O conselho não avaliará, formal ou informalmente, o desempenho de qualquer cargo administrativo além do CEO.
3. O conselho identificará o desempenho do CEO com o desempenho da administração como um todo, de modo que a realização, pela empresa, dos Fins determinados pelo conselho e a abstenção das Limitações Administrativas determinadas pelo conselho serão concebidas como um desempenho bem-sucedido do CEO. Nenhum critério de desempenho estabelecido pelo conselho ou por órgãos do conselho (como, por exemplo, um comitê de remuneração) poderá alterar ou entrar em conflito com esse critério de desempenho.
4. Todas as Limitações Administrativas impostas ao CEO são limitações impostas a toda a administração, de modo que a violação delas, por qualquer parte da empresa, será uma violação pelo CEO.

APÊNDICE E — EXEMPLOS DE POLÍTICAS DO CONSELHO...

Política 2.3: Natureza da Delegação ao CEO
Categoria de Política: Delegação Conselho/Diretoria

O conselho instruirá o CEO por meio de políticas escritas, que prescreverão o benefício a ser gerado para os acionistas e descreverão situações e ações empresariais a ser evitadas, permitindo que o CEO adote qualquer interpretação razoável dessas políticas.

1. O conselho desenvolverá políticas determinando que a empresa obtenha certos resultados para seus acionistas. Tais políticas serão desenvolvidas sistematicamente, do nível mais amplo e genérico aos níveis mais específicos, e serão denominadas políticas de Fins.
2. O conselho desenvolverá políticas delimitando o grau de liberdade com que o CEO poderá selecionar métodos organizacionais, práticas, condutas e outros meios de obter e preservar os valores para os acionistas. Tais políticas serão desenvolvidas sistematicamente, do nível mais amplo e genérico aos níveis mais específicos, e serão denominadas políticas de Limitações Administrativas.
3. Desde que adote uma *interpretação razoável* das políticas de Fins e de Limitações Administrativas do conselho, o CEO está autorizado a estabelecer qualquer política subseqüente, tomar qualquer decisão, realizar qualquer ato, estabelecer qualquer prática e desenvolver qualquer atividade.
4. O conselho poderá alterar suas políticas de Fins e de Limitações Administrativas, modificando, assim, a fronteira entre os domínios do conselho e do CEO. Ao fazê-lo, o conselho altera a liberdade de escolha outorgada ao CEO. Mas, em havendo alguma delegação específica, o conselho respeitará e apoiará as escolhas do CEO.

Política 2.4: Monitoramento do Desempenho do CEO
Categoria de Política: Delegação Conselho/Diretoria

O monitoramento sistemático e rigoroso do desempenho do CEO no cumprimento de suas funções será feito exclusivamente segundo os critérios dispostos nas políticas de Fins e de Limitações Administrativas do conselho.

1. Monitorar consiste simplesmente em determinar em que grau as políticas do conselho são atendidas. As informações que não se refiram a isso não serão consideradas informações de monitoramento.
2. O conselho obterá as informações de monitoramento por meio de um ou mais métodos dentre os seguintes: (a) por relatórios internos, em que o CEO revelará ao conselho informações quanto ao cumprimen-

to de suas políticas; (b) por relatórios externos, em que um terceiro externo e desinteressado, escolhido pelo conselho, avaliará o cumprimento das políticas do conselho; e (c) por inspeção direta pelo conselho, na qual um ou mais conselheiros designados avaliarão o cumprimento das políticas do conselho, conforme os critérios pertinentes estabelecidos nas políticas.

3. Em qualquer caso, o padrão será *qualquer interpretação razoável feita pelo CEO* da política do conselho sob monitoramento. O conselho é o árbitro final da razoabilidade, mas sempre julgará de acordo com o teste da "pessoa ponderada" [*reasonable person*], em vez de interpretações preferidas pelos conselheiros, individualmente, ou pelo conselho como um todo.

4. Todas as políticas que instruem o CEO serão monitoradas com periodicidade e método escolhidos pelo conselho. O conselho poderá monitorar a qualquer momento, por qualquer método, mas, de ordinário, seguirá um cronograma de rotina.

POLÍTICA	MÉTODO	FREQÜÊNCIA
Fins		
Valor para o Acionista	Interno (CEO)	Anual
Limitações Administrativas		
Restrições Básicas aos Executivos	Externo (Diversos)	Anual
Tratamento dos Grupos com Interesse na Organização	Interno (CEO)	Anual
Tratamento dos Empregados	Interno (CEO)	Anual
Planejamento Financeiro e Orçamento	Interno (CEO)	Trimestral
Condição Financeira e Atividades	Interno (CEO)	Trimestral
	Externo (Auditor)	Anual
Proteção dos Ativos	Externo (Auditor)	Anual
Substituição Temporária do CEO	Inspeção direta (Presidente)	Anual
Investimentos	Externo (Auditor)	Semestral
Remunerações e Benefícios	Interno (CEO)	Anual
Negociação dos Papéis da Empresa	Interno (CEO)	Semestral
Comunicações e Suporte	Inspeção direta (Presidente)	Anual
Diversificação	Interno (CEO)	Semestral

APÊNDICE E — EXEMPLOS DE POLÍTICAS DO CONSELHO...

5. A decisão do conselho referente à avaliação periódica do CEO e ao componente da remuneração do CEO baseado na avaliação terão fundamento no desempenho demonstrado conforme o sistema de monitoramento descrito nesta política.

Política 2.5: Remuneração do CEO

Categoria de Política: Delegação Conselho/Diretoria

A remuneração do CEO será decidida pelo conselho, coletivamente, e se baseará no desempenho da empresa e na situação do mercado executivo.

1. O desempenho da empresa será somente o desempenho revelado pelo sistema de monitoramento diretamente relacionado aos critérios estabelecidos pelo conselho em suas políticas.
2. A remuneração inclui o salário, os benefícios, as ações e todas as outras formas.
3. A remuneração deverá ser competitiva com um desempenho semelhante dentro do mercado, mesmo que se exponha a riscos uma parcela substancial da compensação do CEO, submetendo-a à realização dos Fins e à observância das Limitações Administrativas. O mercado executivo a considerar compõe-se de empresas de porte, atividade e complexidade semelhantes.
4. Adotar-se-á um procedimento de comitê para reunir informações e apresentar alternativas e suas implicações para que o conselho pleno decida.

Política 2.6: Demissão do CEO

Categoria de Política: Delegação Conselho/Diretoria

A demissão do CEO é de autoridade exclusiva do conselho, não delegada a nenhum representante ou comitê.

1. O processo de decisão será informado pelos dados de desempenho obtidos com o sistema de monitoramento, que por sua vez está diretamente ligado ao desempenho do CEO em relação aos critérios que o conselho determinou em suas políticas.
2. O conselho poderá optar pela demissão por outras razões, mas, nesse caso, deverá negociar os termos da demissão ou obedecer a eventuais disposições contratuais.
3. Adotar-se-á um procedimento de comitê para reunir informações e apresentar alternativas e suas implicações para que o conselho pleno decida.

Política 3.0: Valor Acionário
Categoria de Política: Fins

O objetivo último da empresa é proporcionar ao acionista um retorno sobre o capital superior ao retorno dos investimentos com perfis de risco semelhantes.

1. Entre os fatores de risco que serão adotados para comparação incluem-se a extensão, a área e o vencimento de mercado semelhantes.
2. Retorno superior significa acima da mediana de tais empresas, e não acima da média.

[*Observação:* Para a maioria das companhias de capital aberto da América do Norte, o valor monetário da ação é a única razão de existência. Para os conselhos desse tipo de empresa, uma política como essa poderá servir. As políticas de Fins obrigam os conselhos a tomar uma posição e a definir os seus termos. A título de exemplo, outras expectativas de desempenho que se poderia selecionar são um retorno sobre o investimento superior ao custo do capital (talvez aprofundando a definição, com o retorno expresso numa taxa média para um período de três anos, em vez de ano a ano) ou uma lucratividade igual ou superior a 80% da lucratividade das empresas do mesmo ramo. Escolher um entre os possíveis significados de "valor acionário", quando os próprios acionistas não entram em acordo quanto a isso, é uma contribuição suficientemente estratégica em si mesma para justificar a existência do conselho de administração.]

Política 3.0: Valor Acionário
Categoria de Política: Fins

A companhia deverá atingir uma taxa composta de crescimento de _____%, em ganhos anuais por ação, a partir de [*ano*] e a cada ano subseqüente.

1. Ao término do ano de [*aquele ano menos 3*], o desempenho deverá ser de no mínimo _____ %.
2. Ao término do ano de [*aquele ano menos 1*], o desempenho deverá ser de no mínimo _____%.

[*Observação:* Essa é uma outra política para empresas de capital aberto, embora esse método não seja aceitável para toda e qualquer situação. Esse conselho optou por encarregar o CEO da responsabilidade pelo crescimento dos ganhos por ação, presumindo que, se a empresa for bem-sucedida nesses termos, o mercado vai reconhecer e recompensar seu sucesso.]

Política 3.0: Finalidade da Empresa
Categoria de Política: Fins

Minha empresa existe para favorecer minha imagem e meu sucesso profissional.

1. Deverei causar um impacto considerável na área de [*campo de atuação*] antes de 2015, com uma boa reputação pelo *fair play*, pela competência e pela integridade.
   A. O impacto será de repercussão internacional, mas concentrado na Austrália e na Nova Zelândia.
   B. O grau de impacto será, no mínimo, o de uma ampla identificação do nome, além do reconhecimento generalizado de que minhas idéias provocaram uma mudança substancial nas práticas da área de atuação.
2. Deverei obter, até a idade de 55 anos, recursos suficientes para uma aposentadoria confortável.

[*Observação*: A linguagem dessa política de Fins foi inspirada numa pessoa que tinha uma empresa exclusivamente dela. Embora o ato de formular uma declaração consensual de Fins não seja tão notável para uma pessoa sozinha quanto para um conselho com vários membros, esse exemplo mostra como toda empresa existe para fins específicos — sejam eles grandes ou pequenos. Além disso, ter a *imagem* como fim só é legítimo por ser um valor para o proprietário. Para uma empresa de capital aberto, toda imagem a ser conquistada será imagem da empresa (não do acionista), e, portanto, será um tópico de meios, jamais de fins.]

Política 3.0: Finalidade da Nossa Empresa
Categoria de Política: Fins

A finalidade da nossa empresa é proporcionar-nos a oportunidade de ser autônomos e trabalhar no que nós escolhemos, da nossa maneira.

1. As recompensas financeiras serão baseadas em nosso próprio esforço e inteligência, sem ser afetadas pelas políticas das grandes empresas.
2. Oportunidade de trabalhar com uma tecnologia que amamos e pela qual somos estimulados.
3. Trabalho em grupo, com parceiros entusiásticos e escolhidos por nós.
4. Oportunidade de alterar a forma como são arquitetadas, operadas e mantidas as redes de longa distância via satélite, no mercado de consumidores finais e em mercados verticais da indústria.

[*Observação:* Os fundadores e únicos acionistas dessa empresa iniciante do ramo da alta tecnologia deixaram claro, nessa política, que o fator mais importante para se ter um negócio é a liberdade de fazer as coisas do próprio jeito. É esse — e não o mero valor monetário — o valor para o acionista que justifica, para eles, todos os problemas e riscos de se ter uma empresa. Se esses fundadores decidirem, no futuro, entrar no mercado de capitais, diluindo a propriedade, é praticamente certo que os fins dessa empresa vão mudar em consonância com o fato.]

Política 3.0: Centro da Vida Ocupacional da Família
Categoria de Política: Fins

A finalidade geral de nossa empresa consiste em dividir os recursos e o trabalho da família.

1. Nossa maior prioridade é que a família permaneça unida, com um trabalho adequado, satisfatório e recompensador para cada membro adulto da família que opte por fazer parte da empresa.
2. Nossa segunda maior prioridade é que o valor da empresa — e, portanto, o valor das ações de cada membro da família — cresça a uma taxa razoavelmente comparável à dos fundos indexados.

[*Observação:* Essa política expressa, para uma família, a razão pela qual eles possuem e estão decididos a continuar possuindo um negócio próprio. Eles querem um retorno financeiro, sem dúvida — mas dão a mesma ênfase à união da família. Se um dia optarem por fazer uma oferta pública, isso vai mudar. Como o conselho terá uma obrigação moral (e, salvo algumas possíveis exceções, jurídica) perante todos os acionistas, e não apenas perante a família, os fins da empresa deverão ser adaptados de modo a acomodar os diferentes valores dos novos acionistas.]

Política 4.0: Restrições Básicas aos Executivos
Categoria de Política: Limitações Administrativas

O CEO não causará ou permitirá qualquer prática, atividade, decisão ou circunstância organizacional que seja ilícita ou imprudente ou que viole a ética empresarial e profissional ou os princípios contábeis geralmente aceitos.

Especificamente, mas sem exaurir o conteúdo da proibição acima:

1. **Tratamento dos Grupos com Interesse na Organização.** Em relação às interações com os parceiros comerciais, os órgãos de regulamenta-

ção, os fornecedores, a comunidade local e o meio ambiente, o CEO não causará ou permitirá condições, procedimentos ou decisões que sejam perigosos, indignos ou desnecessariamente intromissivos.

2. **Tratamento dos Empregados.** Em relação ao tratamento dos empregados, o CEO não poderá causar ou permitir condições que sejam perigosas, injustas ou indignas.

3. **Planejamento Financeiro e Orçamento.** O planejamento financeiro de qualquer ano fiscal ou da parte remanescente de qualquer ano fiscal não exporá a risco de perdas fiscais, não deixará de derivar de um plano plurianual e não deixará de ser consistente com o desempenho da empresa determinado pelas demais políticas de Limitações Administrativas e de Fins.

4. **Condições e Atividades Financeiras.** Em relação às condições e atividades financeiras atuais e correntes, o CEO não causará ou permitirá que ocorram perdas fiscais, responsabilizações fiduciárias por assunção de compromissos ou desvios substanciais das políticas de Fins do conselho.

5. **Perda Repentina do CEO.** O CEO não deixará de proteger a empresa da perda de seu CEO.

6. **Proteção dos Ativos.** O CEO não permitirá que os ativos da companhia estejam desprotegidos, conservados inadequadamente ou expostos a riscos desnecessários.

7. **Investimentos.** O CEO não deixará de investir o excedente de fundos da empresa a fim de maximizar a margem de lucro líquida, mas, ao fazê-lo, não exporá a risco de perda do principal ou da manutenção da liquidez apropriada.

8. **Remunerações e Benefícios.** Em relação ao recrutamento, à remuneração e aos benefícios dos empregados, consultores e trabalhadores terceirizados, o CEO não causará ou permitirá danos de curto ou longo prazo à integridade fiscal ou à imagem da companhia.

9. **Informação e Suporte ao Conselho.** O CEO não permitirá que o conselho seja privado de informações ou de suporte para seu trabalho.

10. **Negociação de Valores Mobiliários da Empresa.** O CEO não permitirá que o pessoal administrativo negocie valores mobiliários da empresa sob um código de integridade menos rigoroso do que aquele que o conselho adotou para si próprio.

11. **Diversificação.** O CEO não exporá a risco o futuro da companhia pela ausência de diversificação.

12. Relacionamento com os Acionistas.

A relação do CEO com os acionistas não violará os mais elevados padrões de transparência e responsabilidade nem obstruirá o papel do conselho como representante dos acionistas.

Política 4.1: Tratamento dos Grupos com Interesse na Organização

Categoria de Política: Limitações Administrativas

Em relação às interações com os clientes, os parceiros comerciais, os órgãos de regulamentação, os fornecedores, a comunidade local e o meio ambiente, o CEO não causará ou permitirá condições, procedimentos ou decisões que sejam perigosos, indignos ou desnecessariamente intromissivos.

Especificamente, mas sem exaurir o conteúdo da proibição acima, o CEO não poderá:

1. Operar as instalações sem a adequada proteção do ambiente e da comunidade.
2. Deixar de fabricar produtos seguros, eficientes e de qualidade, quando utilizados do modo apropriado.
3. Deixar de providenciar uma entrega pontual e consistente dos produtos.
4. Deixar de observar as regulamentações relativas ao uso e à fabricação dos produtos e das instalações.

Política 4.2: Tratamento dos empregados

Categoria de Política: Limitações Administrativas

Em relação ao tratamento dos empregados, o CEO não poderá causar ou permitir condições que sejam perigosas, injustas ou indignas.

Especificamente, mas sem exaurir o conteúdo da proibição acima, o CEO não poderá:

1. Expor os empregados a níveis de risco ocupacional superiores: (a) aos níveis regulamentares; e (b) ao nível mínimo que se possa assegurar de modo razoável.
2. Operar sem regulamentos internos escritos que: (a) expliquem as normas para os empregados; (b) proporcionem uma solução eficaz para as queixas; e (c) protejam contra condições injustas, como o nepotismo e o tratamento grosseiramente preferencial movido por razões pessoais.

APÊNDICE E — EXEMPLOS DE POLÍTICAS DO CONSELHO... **183**

3. Discriminar um empregado por expressar civilizadamente uma discordância.
4. Deixar de comunicar aos empregados a interpretação dada pelo CEO às medidas de proteção contidas nesta política.

Política 4.3: Planejamento Financeiro e Orçamento
Categoria de Política: Limitações Administrativas

O planejamento financeiro de qualquer ano fiscal ou da parte remanescente de qualquer ano fiscal não exporá a risco de perdas fiscais, não deixará de derivar de um plano plurianual e não deixará de ser consistente com o desempenho da empresa determinada pelas demais políticas de Limitações Administrativas e de Fins.

Especificamente, mas sem exaurir o conteúdo da proibição acima, o CEO não poderá:

1. Deixar de incluir projeções confiáveis de rendimentos e despesas, separação de capital e itens operacionais, fluxo de caixa e declaração dos pressupostos do planejamento.
2. Planejar gastos, em qualquer ano fiscal, que resultem na inadimplência de qualquer contrato de financiamento da empresa ou que cause a insolvência da companhia.
3. Providenciar, para as prerrogativas do conselho, quantias inferiores às estabelecidas na política de "Investimento em Governança".
4. Deixar de planejar no sentido de proteger a empresa das condições financeiras inaceitáveis enumeradas na política de "Condições e Atividades Financeiras".

Política 4.4: Condições e Atividades Financeiras
Categoria de Política: Limitações Administrativas

Em relação às condições e atividades financeiras atuais e correntes, o CEO não causará ou permitirá que ocorram perdas fiscais, responsabilizações fiduciárias por assunção de compromissos ou desvios substanciais das políticas de Fins do conselho.

Especificamente, mas sem exaurir o conteúdo da proibição acima, o CEO não poderá:

1. Manter contas de reservas com o propósito de administrar ganhos para atender a expectativas do mercado ou para outros propósitos questionáveis.

2. Operar a companhia de modo a fazer com que ela deixe de cumprir qualquer de suas obrigações financeiras.
3. Deixar de observar [padrões contábeis aplicáveis] na manutenção dos registros financeiros da companhia.
4. Deixar de honrar pontualmente a folha de pagamento e as dívidas.
5. Permitir que os pagamentos de tributos ou demais pagamentos ou obrigações ordenados pelo poder público sejam feitos com atraso ou imprecisamente.
6. Fazer uma compra única ou assumir um compromisso único em valor superior a [quantia em dinheiro]. Não serão aceitáveis encomendas parciais para se evitar esse limite.
7. Deixar de cobrar agressivamente os recebíveis depois de um período de espera razoável.

Política 4.5: Perda Repentina do CEO

Categoria de Política: Limitações Administrativas

O CEO não deixará de proteger a empresa da perda de seu CEO.

Especificamente, mas sem exaurir o conteúdo da proibição acima, o CEO não poderá:

1. Ter menos de dois outros executivos que estejam familiarizados com os temas e processos do conselho e do CEO e que possam servir em caráter emergencial.
2. Deixar de elaborar um planejamento emergencial de curto prazo para essa eventualidade.

Política 4.6: Proteção dos Ativos

Categoria de Política: Limitações Administrativas

O CEO não permitirá que os ativos da companhia estejam desprotegidos, conservados inadequadamente ou expostos a riscos desnecessários.

Especificamente, mas sem exaurir o conteúdo da proibição acima, o CEO não poderá:

1. Deixar de providenciar seguro contra roubo e acidentes num nível pertinente e seguro contra terceiros para os conselheiros, para a equipe e para a própria empresa no valor máximo de [quantia em dinheiro].
2. Deixar de manter proteções adequadas contra o acesso isolado de funcionário a recursos substanciais.

APÊNDICE E — EXEMPLOS DE POLÍTICAS DO CONSELHO...

3. Sujeitar as instalações e os equipamentos a desgaste impróprio ou manutenção insuficiente.
4. Expor desnecessariamente a empresa, seu conselho ou seus empregados a demandas de responsabilidade civil.
5. Realizar qualquer compra: (a) em que não se tomaram precauções de prudência normal contra conflitos de interesses; (b) superior a [*quantia em dinheiro*] sem obtenção de preços e de qualidade comparativos; ou (c) superior a [*quantia em dinheiro*], sem um rigoroso método de assegurar um equilíbrio entre qualidade a longo prazo e custo. Não serão permitidas encomendas parciais como modo de escapar à exigência.
6. Comprometer, causar perda de credibilidade ou prejudicar de algum outro modo a independência e a transparência em qualquer relacionamento estabelecido pelo conselho com os auditores e outras entidades de suporte da governança.
   A. Contratar serviços de consultoria: (a) da firma de auditoria atual; ou (b) de firma de auditoria anterior, antes de decorridos três anos do término da prestação de serviços.
   B. Manter como consultor, ou contratar como empregado, qualquer pessoa que tenha sido empregada da firma de auditoria atual ou anterior nos três últimos anos.
7. Deixar de manter uma adequada conservação dos registros, protegendo a propriedade intelectual, as informações e os arquivos contra perdas ou danos significativos.
8. Receber, processar ou desembolsar fundos sob condições de controle insuficientes para atender aos padrões estabelecidos pelo auditor indicado pelo conselho.
9. Deixar de manter em dia todos os licenciamentos pertinentes.
10. Pôr em risco a imagem pública ou a credibilidade da empresa, especialmente sob formas que comprometam a realização das políticas de Fins.
11. Deixar de providenciar precauções excepcionais contra perdas, danos ou deterioração de matérias-primas.

Política 4.7: Investimentos

Categoria de Política: Limitações Administrativas

O CEO não deixará de investir o excedente de fundos da empresa a fim de maximizar a margem de lucro líquida, mas, ao fazê-lo, não exporá a risco de perda do principal ou da manutenção da liquidez apropriada.

Política 4.8: Remuneração e Benefícios
Categoria de Política: Limitações Administrativas

Em relação ao recrutamento, à remuneração e aos benefícios dos empregados, consultores e trabalhadores terceirizados, o CEO não causará ou permitirá danos de curto ou longo prazo à integridade fiscal ou à imagem da companhia.

Especificamente, mas sem exaurir o conteúdo da proibição acima, o CEO não poderá:

1. Modificar a sua própria remuneração e benefícios, exceto quando seus benefícios forem determinados de acordo com um sistema válido para todos os outros empregados.
2. Prometer ou dar a entender um emprego permanente ou garantido.
3. Fixar remuneração e benefícios atuais que se desviem substancialmente do mercado geográfico ou profissional para as qualificações daquele emprego.
4. Contrair obrigações por um prazo mais longo que o dos rendimentos que possa projetar com segurança, não firmando, em nenhuma hipótese, acordos para promover e manter funcionários valiosos por mais de cinco anos.
5. Fixar ou modificar benefícios trabalhistas de modo a provocar situações imprevisíveis ou injustas, entre elas:
   A. Contrair obrigações sem as correspondentes reservas de fundos, sujeitando a empresa a danos.
   B. Proporcionar menos do que um certo nível básico de benefícios a todos os funcionários em tempo integral.
   C. Permitir que algum empregado perca benefícios já conquistados em plano anterior.
   D. Dedicar ao CEO um tratamento diferente do tratamento dos demais empregados.

Política 4.9: Informação e Suporte ao Conselho
Categoria de Política: Limitações Administrativas

O CEO não permitirá que o conselho seja privado de informações ou de suporte para seu trabalho.

Especificamente, mas sem exaurir o conteúdo da proibição acima, o CEO não poderá:

1. Deixar de apresentar os dados de monitoramento necessários ao conselho, de modo pontual, preciso e inteligível (ver a política de "Moni-

APÊNDICE E — EXEMPLOS DE POLÍTICAS DO CONSELHO...

toramento do Desempenho do CEO"), e diretamente relacionados às provisões das políticas do conselho que estiverem sendo monitoradas.

2. Deixar de reportar em tempo todo descumprimento atual ou previsível de qualquer política do conselho.

3. Deixar de comunicar ao conselho as tendências relevantes, as coberturas jornalísticas adversas, os processos judiciais ameaçados ou pendentes, os históricos de todos os membros relevantes da administração, as questões significativas com os principais parceiros comerciais e as mudanças externas e internas substanciais, especialmente as mudanças nos pressupostos a partir dos quais tenha sido estabelecida anteriormente qualquer política do conselho.

4. Deixar de advertir o conselho se, na opinião do CEO, o conselho não estiver cumprindo suas próprias políticas de Processo de Governança e de Delegação Conselho/Diretoria, especialmente em caso de conduta do conselho prejudicial às relações entre o conselho e o CEO.

5. Deixar de expor ao conselho todos os pontos de vista, questões e opções, administrativos e externos, que o conselho determine como necessárias a uma tomada de decisões plenamente informada por parte do conselho.

6. Apresentar informações de modo desnecessariamente complexo ou extenso ou sob uma forma que não diferencie entre três espécies de informações: de monitoramento, de preparação de decisões e outras.

7. Deixar de providenciar mecanismos para as reuniões do conselho e dos comitês; para os comunicados oficiais do conselho e de seus representantes e comitês; para a manutenção de registros precisos do conselho e dos conselheiros; e para os documentos do conselho exigidos por lei ou que o conselho julgar adequados.

8. Revelar seletivamente informações corporativas a conselheiros ou investidores individuais, exceto no caso de respostas a representantes ou comitês devidamente nomeados pelo conselho.

9. Deixar de apresentar as decisões do CEO, juntamente com os dados de monitoramento aplicáveis, para a pauta de deliberações do conselho a respeito das decisões que tiverem sido delegadas ao CEO mas que, por lei ou contrato, exigirem a aprovação do conselho.

Política 4.10: Negociação de Valores Mobiliários da Empresa
Categoria de Política: Limitações Administrativas

O CEO não permitirá que o pessoal administrativo negocie valores mobiliários da empresa sob um código de integridade menos rigoroso do que aquele que o conselho adotou para si próprio.

Especificamente, mas sem exaurir o conteúdo da proibição acima, o CEO não poderá:

1. Deixar de aplicar essa proibição, no mínimo, aos executivos do nível de vice-presidente e dos diretores de unidades que tenham relações importantes com contabilidade, finanças, investimentos ou relacionamento com investidores.

Política 4.11: Diversificação
Categoria de Política: Limitações Administrativas

O CEO não exporá a risco o futuro da companhia pela ausência de diversificação.

Especificamente, mas sem exaurir o conteúdo da proibição acima, o CEO não poderá:

1. Deixar de diversificar para além de um mercado ou produto único, de modo que, se esse produto ou mercado vier a ser afetado por fatores de competitividade mercadológica ou do ambiente geral, a viabilidade da empresa não seja ameaçada ou comprometida seriamente.
2. Deixar de providenciar novos mercados para produtos novos ou já existentes, aquisições, fusões e tecnologias inovadoras, de maneira a assegurar que os novos produtos ou mercados resultantes contribuam com um mínimo de [*porcentagem*] dos ganhos por ação até [*ano*].
3. Deixar de informar-se sobre os desafios competitivos em desenvolvimento e sobre as estratégias para reagir a eles.

Política 4.12: Relacionamento com os Acionistas
Categoria de Política: Limitações Administrativas

A relação do CEO com os acionistas não violará os mais elevados padrões de transparência e responsabilidade nem obstruirá o papel do conselho como representante dos acionistas.

1. As informações aos acionistas, analistas, órgãos reguladores, e demais terceiros jamais poderão desviar, iludir, ser inoportunas ou de algum modo deturpar ou transmitir impressão falsas a respeito da empresa e de suas operações.

APÊNDICE E — EXEMPLOS DE POLÍTICAS DO CONSELHO... 189

A. O GAAP* será interpretado em sentido conservador quanto ao registro dos ativos, às obrigações, aos rendimentos e aos lucros.

2. A administração não praticará atos e não estabelecerá relações que interfiram no conselho enquanto elo essencial de ligação com os acionistas, ou na capacidade do conselho de assegurar uma supervisão adequada.

A. A comunicação com os acionistas não poderá caracterizar a administração como elo de ligação entre os acionistas e a empresa.

B. A relação com os auditores não envolverá contratos de consultoria administrativa substanciais a ponto de tornar duvidosa, entre os acionistas, a independência dos auditores.

---

* *"Generally Accepted Accounting Principles"* — "princípios contábeis geralmente aceitos": padrão de critérios de contabilidade adotado nos Estados Unidos (N. do T.).

Apêndice F

Exemplo de Relatório
de Monitoramento no Modelo
das Políticas de Governança

No modelo das Políticas de Governança, monitorar significa exibir dados e compará-los com os critérios enunciados pelo conselho sob forma de políticas. O exemplo fornecido neste apêndice diz respeito ao monitoramento da observância, pelo CEO, das políticas de Fins e de Limitações Administrativas.[1] Qualquer que seja a margem de interpretação, grande ou pequena, que admitir para essas políticas, o conselho exige que o CEO as interprete como uma pessoa ponderada o faria. Portanto, o relatório de monitoramento deverá demonstrar que o CEO fez uma interpretação defensável das palavras do conselho e que essa interpretação foi, de fato, observada. Para que o sistema de monitoramento funcione devidamente, é essencial que o conselho considere aceitável qualquer interpretação razoável — não a interpretação que o conselho tinha em mente mas deixou de expressar, nem a opinião individual dos conselheiros depois do fato consumado.

Os relatórios de rotina de monitoramento, como o que exibimos aqui, têm periodicidade e método determinados pelo conselho, de modo que o processo de monitoramento possa obedecer a um cronograma de rotina (ver a política de "Monitoramento do Desempenho do CEO", no Apêndice E).

Nesse exemplo, o CEO está relatando o desempenho da empresa em relação à política de Proteção dos Ativos do conselho — uma política da categoria Limitações Administrativas. O CEO diz se sua interpretação mudou ou não desde o relatório anterior, o que torna possível, para os conselheiros, prosseguir com a leitura com maior rapidez. Quando a política do conselho não foi implementada com sucesso, a observação do CEO mostra claramente a omissão. Também nesse exemplo, o CEO argumenta que o dispositivo mais genérico (o preâmbulo da política do conselho) está sendo plenamente monitorado com o monitoramento dos itens subordinados. Salvo se o conselho considerar o argumento razoável, o dispositivo geral também deve ser monitorado especificamente.

Relatório Interno de Monitoramento
Proteção dos Ativos
Janeiro de 2010

Apresento aqui meu relatório de monitoramento relativo à política de "Proteção dos Ativos", segundo o cronograma estabelecido. Atesto que a informação contida neste relatório é verdadeira.

Assinatura _____, CEO

Data _____

DISPOSITIVO GERAL DA POLÍTICA

O CEO não permitirá que os ativos da companhia estejam desprotegidos, conservados inadequadamente ou expostos a riscos desnecessários.

Interpretação do CEO

[SEM ALTERAÇÕES DESDE O RELATÓRIO ANTERIOR] Presumo que o conselho tenha interpretado exaustivamente essa política nos dispositivos subseqüentes. Minhas interpretações serão apresentadas em seguida a cada um dos dispositivos.

DISPOSITIVO 1 DA POLÍTICA

O CEO não deixará de providenciar seguro contra roubos e acidentes de no mínimo 80% do valor de reposição, e seguro contra terceiros para os conselheiros, para a equipe e para a própria empresa em valor superior à média das empresas comparáveis.

Interpretação do CEO

[SEM ALTERAÇÕES DESDE O RELATÓRIO ANTERIOR] O seguro contra roubos e acidentes não se justifica se o custo do seguro for superior ao custo das perdas potenciais. Em conformidade com isso, interpretei esse aspecto da política no sentido de que os ativos físicos de valor superior a $2.000 devem ser cobertos pelo seguro. Esse limite foi estabelecido por meio de uma consulta a dois profissionais do ramo de seguros, sendo que nenhum deles fornece seguros a esta empresa atualmente. Um valor de reposição de 100% seria prudente para os ativos de grande valor, como imóveis e veículos. Os demais equipamentos utilizados nesta empresa, sendo de menor valor, podem ser segurados a 80 ou 90% do valor de reposição. O custo inferior do seguro, nesse nível, permite uma economia de custos que compensa os potenciais custos para arcar parcialmente com possíveis perdas futuras.

O seguro contra terceiros, em nosso ramo de atividade, normalmente é feito no valor de $2 milhões, de acordo com a Associação Nacional das Empresas Como a Nossa (ANECN). Uma cobertura significativamente maior, de até $2,5 milhões, pode ser feita com um acréscimo de custos apenas marginal.

Dados

O exame de nossos ativos fixos demonstra que todos os ativos de valor superior a $ 2.000 estão cobertos por seguro. Os ativos que vão sendo acrescentados periodicamente, por compra, devem estar com o seguro em ordem antes da entrega e instalação. Uma checagem dos itens adquiridos nos últimos seis meses demonstrou que, com uma exceção, a exigência vem sendo cumprida. A exceção foi uma entrega feita em prazo anterior ao programado.

A cobertura contra terceiros, feita com a Seguradora XXX S/A, está em ordem em relação aos conselheiros, aos empregados e à própria empresa e é da ordem de $ 2,5 milhões.

Concluo pelo cumprimento.

DISPOSITIVO 2 DA POLÍTICA
O CEO não permitirá o acesso de pessoal não autorizado a fundos substanciais.

Interpretação do CEO
[O TRECHO EM ITÁLICO INDICA ALTERAÇÃO DESDE O RELATÓRIO ANTERIOR] Interpretou-se "pessoal não autorizado" como os empregados não incluídos no seguro da companhia contra fraudes de funcionários. Interpretou-se "substanciais" como qualquer quantia superior a $500 por acesso *ou $5.000 acumulados durante um período de doze meses*. Essa interpretação se baseou numa recomendação recebida do auditor da empresa e também da ANECN. Interpretou-se o pessoal com "acesso" como aqueles que, devido à natureza de suas tarefas, devem ser incluídos no seguro contra fraudes de funcionários. "Fundos" significa não somente as quantias mencionadas acima como também os conversíveis em espécie, incluindo os cheques, máquinas de assinar cheques, pequenas quantias em dinheiro e formulários de pedidos de compra da empresa.

Dados

O exame de nossa cobertura de seguro contra fraudes de funcionários demonstra que todos os empregados que dispõem de acesso, tal como definido, encontram-se listados. Estão em funcionamento os mecanismos que protegem o acesso a pequenas quantias em dinheiro, cheques, máquinas de assinar cheques e formulários de pedidos de compra. Uma checagem feita na semana passada demonstrou que, em todos os casos, nenhuma pessoa não autorizada obteve acesso e que nenhum acesso é possível sem o conhecimento de pelo menos dois encarregados.

Concluo pelo cumprimento.

DISPOSITIVO 3 DA POLÍTICA

O CEO não sujeitará as instalações e os equipamentos a desgaste impróprio ou a manutenção insuficiente.

Interpretação do CEO

[O TRECHO EM ITÁLICO INDICA ALTERAÇÃO DESDE O RELATÓRIO ANTERIOR] Interpretou-se "desgaste desnecessário" como aquele resultante de uma utilização incompatível com a finalidade e do uso por pessoas não treinadas para cuidar adequadamente do ativo. Interpretou-se "manutenção insuficiente" como um cronograma de manutenção preventiva em desacordo com as orientações do fabricante, ou sem um cronograma adequado. Interpretou-se "instalações e equipamentos" como os edifícios, máquinas (industriais e comerciais), veículos e terrenos. *As instalações e os equipamentos cuja substituição está programada para os próximos doze meses estão excluídos da definição.*

Dados

A manutenção preventiva contínua dos ativos qualificados é feita por manutenção terceirizada ou diretamente, por mecânicos internos. As chuvas fora de época impediram que se concluísse a manutenção programada para os equipamentos portuários conservados ao ar livre. Essa deficiência deverá ser corrigida no próximo mês. Com exceção de uma corrida de empilhadeiras que se descobriu no departamento de cargas, não foi verificado nenhum desgaste indevido de material. Constatou-se, porém, um desgaste indevido de instalação no caso de um depósito, atualmente não utilizado por nós, emprestado ao Clube da Criança Hooligan para sua festa de verão. Mesmo mantendo nosso compromisso de participar e contribuir para a vida da comunidade, é evidente que precisamos ser mais seletivos e melhorar a supervisão das pessoas com quem compartilhamos nossos ativos. Um exame do registro de pessoal feito no mês passado revela documentalmente que todos os operadores de equipamentos foram treinados para utilizá-los apropriadamente.

CONCLUO PELA **VIOLAÇÃO** DESSA POLÍTICA.

DISPOSITIVO 4 DA POLÍTICA
O CEO não deverá expor desnecessariamente a empresa, seu conselho ou seus empregados a demandas de responsabilidade civil.

Interpretação do CEO
[SEM ALTERAÇÕES DESDE O RELATÓRIO ANTERIOR] Interpretou-se "expor desnecessariamente a demandas de responsabilidade civil" como permitir que se assumam riscos não exigidos pelo curso normal dos negócios. Em nosso ramo, os exemplos mais proeminentes são da área de segurança. Mesmo regulamentada por diversos órgãos governamentais, e mesmo que todos esses órgãos fiscalizem o cumprimento de suas exigências, nossa empresa deve dedicar uma atenção especial à segurança das pessoas que nos visitam como clientes ou representantes. A ANECN tem uma publicação que apresenta recomendações de prudência contra os danos a esse público. Minha interpretação é que essas recomendações, por serem as mais abrangentes dentre as que estão ao nosso alcance, devem ser adotadas e observadas em nossa empresa.

Dados
Desde a apresentação do último relatório de monitoramento, fomos fiscalizados por todos os órgãos governamentais importantes e aprovados em todos os casos. A ANECN avaliou nossa observância de suas recomendações e constatou que a observância é igualmente completa.

Concluo pelo cumprimento.

DISPOSITIVO 5 DA POLÍTICA
O CEO não poderá realizar compras: (a) em que não se tomaram precauções de prudência normal contra conflitos de interesses; (b) superior a $ 2.000 sem obtenção de preços e de qualidade comparativos; ou (c) superior a $200.000, sem um rigoroso método de assegurar um equilíbrio entre qualidade a longo prazo e custo.

Interpretação do CEO
[O TRECHO EM ITÁLICO INDICA ALTERAÇÃO DESDE O RELATÓRIO ANTERIOR] Interpretou-se "conflitos de interesses" como permitir que as decisões de compras sejam feitas com base em preferências impróprias. A preferência por vendedor que tenha parentesco ou seja intimamente associado é proibida, e a proteção contra esse fundamento para as decisões de compras é a exigência de que tais interesses sejam declarados, bem como a

exigência de duas assinaturas nas ordens de compras. As compras acima de $2.000 dependem de uma comparação de preços entre pelo menos três alternativas. As comparações devem ser indicadas. *Não é necessário que se escolha o menor preço.* As exceções são as hipóteses de nenhuma ou poucas alternativas e de compras recorrentes (neste último caso, as comparações devem ser feitas com base anual). Em nosso ramo, um método "rigoroso" para se assegurar o equilíbrio entre qualidade a longo prazo e custo é quase sempre um processo de RFP.* Não é necessário que se escolha o menor preço.

Dados

Pedimos ao nosso auditor que examinasse aleatoriamente compras feitas nos últimos seis meses, a fim de monitorar a observância de minhas interpretações da política. Foram examinadas cem compras. Embora houvesse algumas compras sem indicação das comparações feitas, constatou-se uma observância da ordem de 96%.

Concluo pelo cumprimento.

DISPOSITIVO 6 DA POLÍTICA
O CEO não deixará de proteger a propriedade intelectual, as informações e os arquivos contra perdas e danos significativos.

Interpretação do CEO
[SEM ALTERAÇÕES DESDE O RELATÓRIO ANTERIOR] Interpretou-se "propriedade intelectual" como nossa propriedade e também de terceiros. Nossa propriedade intelectual é composta de nossos processos industriais, fórmulas e *software* personalizado. Nós utilizamos um volume significativo de propriedade intelectual alheia, o que inclui *softwares* e sistemas registrados em nome de terceiros. A propriedade alheia não pode ser pirateada ou utilizada sem permissão específica. Nossa propriedade intelectual encontra-se registrada ou patenteada, e adota-se um serviço de busca para fiscalizar o uso não autorizado. Os usuários sem autorização devem ser processados. "Informações e arquivos" são os que se referem a pessoal, finanças, clientes, encomendas, manutenção, *marketing* e inúmeras outras atividades da empresa. É necessário evitar perdas e danos resultantes de problemas com os computadores, como vírus, *hacking* ou falhas de sistema. É preciso evitar também perdas e danos de-

---

* *"Request for Proposals"* — "solicitação de propostas", para cadastramento e análise, dirigida aos fornecedores potenciais (N. do T.).

vidos a incêndio, alagamento ou roubo. Interpreto as proteções adequadas como sendo aquelas que as empresas precavidas normalmente adotam, como, por exemplo, *backups* muito freqüentes, armazenamento externo [*off-site*] de arquivos, conservação à prova de fogo, proteção contra vírus e *firewalls*.

Dados

Não há programas piratas sendo utilizados em nossa empresa, de acordo com uma checagem aleatória realizada há duas semanas. A licença de uso da propriedade intelectual alheia não é sistemática e precisa de aperfeiçoamento. No momento estamos processando duas outras empresas que utilizam materiais nossos registrados sem autorização. Todas as formas de proteção indicadas em minhas interpretações estão sendo utilizadas, e uma sondagem do cumprimento dessas exigências demonstrou que elas vêm sendo observadas e continuamente atualizadas.

Concluo pelo cumprimento.

DISPOSITIVO 7 DA POLÍTICA

O CEO não poderá receber, processar ou desembolsar fundos sob condições de controle insuficientes para atender aos padrões estabelecidos pelo auditor indicado pelo conselho.

Interpretação do CEO

[SEM ALTERAÇÕES DESDE O RELATÓRIO ANTERIOR] Os padrões estabelecidos pelo auditor indicado pelo conselho são os do GAAP. Além disso, o auditor formula algumas sugestões na carta à administração. Interpreto essas sugestões como padrões, uma vez que a administração as aceitou.

Dados

Na última auditoria, o conselho recebeu um relatório geral de seus auditores. A administração considera bastante úteis várias sugestões contidas na carta à administração, e deverá terminar de implementá-las dentro de dois meses a partir da data deste relatório.

Concluo pelo cumprimento.

Nota

1. Agradecemos a Miriam Carver pela preparação do relatório.

Agradecimentos

Nossa maior dívida é para com os teóricos e práticos cujas mentes inquiridoras nos precederam; o número é grande demais para que mencionemos todas essas pessoas, não apenas em matéria de governança como também de administração e mesmo de filosofia. Nossos clientes e colegas também contribuíram imensamente para o aperfeiçoamento das idéias por meio da aplicação prática. Por razões de sigilo contratual, não temos alternativa senão agradecer a esses clientes sem citar seus nomes, embora suas contribuições de políticas de conselhos e relatórios de monitoramento adaptadas neste livro tenham sido de um valor inestimável. Nosso muito obrigado a esses conselheiros e CEOs tão gentis.

Entre as pessoas que generosamente aceitaram comentar o manuscrito em preparação estão James Gillies, da Schulich School of Business da York University, em Toronto; Dana Hermanson, da Cole School of Business da Kennesaw University, em Kennesaw, Georgia; Rodney Insall, ex-vice-presidente de Governança Corporativa da BP-Amoco, em Londres; e John Herndon, conselheiro, Christine Jacobs, CEO e presidente do conselho, e Bruce Smith, CFO, todos da Theragenics Corporation, em Duluth, Georgia. Miriam Carver, consultora de governança e autora (e também esposa de John), formulou críticas úteis quanto à coerência entre teoria e prática. Devemos agradecer também a outros que ofereceram conselhos a partir de suas experiências profissionais em diversos ambientes corporativos, como Jonathan Huffman, Peter Cowern, Lance MacIntosh e Ray Tooley. Ivan Benson, do escritório dos Carver, garantiu a parte logística. Susan Williams, da Jossey-Bass, além de seu apoio editorial, proporcionou o estímulo para que esse livro fosse escrito, antes de mais nada.

Temos uma dívida especial para com Adrian Cadbury, pela gentileza de ter escrito o Prefácio. A liderança de Sir Adrian em governança corporativa é lendária. Seu apoio e estímulo foram de um valor incalculável. Por fim, agradecemos, satisfeitos, aos leitores que se dispuseram a dar atenção a esse novo método, a serviço de uma empresa mais eficiente, prudente e ética.

J. C.
C. O.

Os Autores

John Carver é o criador daquela que é geralmente considerada a primeira (e por enquanto única) teoria da governança. Sua reestruturação do papel governante do conselho, elaborado como um paradigma universalmente aplicável, já é bastante célebre no setor público e entre as ONGs, e vem sendo cada vez mais reconhecido por sua aplicabilidade nas empresas.

Carver é bacharel em administração de empresas e economia (1965), mestre em psicologia educacional (1965) pela Universidade do Tennessee, em Chattanooga, e doutor em psicologia clínica (1968) pela Emory University, em Atlanta. Tornou-se membro da sociedade honorária de pesquisas científicas Sigma Xi em 1968. Serviu a Força Aérea dos Estados Unidos e trabalhou como dirigente de uma pequena empresa familiar de manufaturas, antes de assumir três cargos sucessivos de CEO na administração pública.

Carver prestou contas a comitês de legislativos estaduais e ao Congresso dos Estados Unidos. Foi consultor de assuntos ligados à governança nas Américas do Norte e do Sul, Europa, África e Ásia. Trabalhou com a governança de organizações estatais e ONGs, de ativos de até 52 bilhões de dólares, e com o nível executivo máximo de um órgão nacional de defesa. Na última década, vem trabalhando também com conselhos de empresas.

Carver é autor de *Boards That Make a Difference* (1990, 1997), *John Carver on Board Leadership* (2002), *A New Vision of Board Leadership* (com Miriam Mayhew, 1994), *Reinventing Your Board* (com Miriam Mayhew Carver, 1997) e mais de 150 artigos em periódicos. Entre suas quatorze monografias publicadas, estão *The Unique Double Servant Leadership Role of the Board Chairperson* (1999) e *Business Leadership on Nonprofit Boards* (1980). Já foi professor adjunto ou visitante de diversas instituições, e atualmente é professor adjunto da Schulich School of

Business da York University, em Toronto, e do Institute for Nonprofit Organizations da Universidade da Georgia, em Athens. John Carver e Miriam Carver, sua esposa e consultora de governança, moram em Atlanta. Entre em contato com ele pelo telefone 404-728-9444 ou pelo *email* johncarver@carvergovernance.com, ou visite seu *Web site* no endereço www.carvergovernance.com.

Caroline Oliver trabalha com conselhos de administração, como executiva sênior e conselheira, na Europa, desde a década de 1970, no Canadá e nos Estados Unidos. Participou também de comitês consultivos do governo britânico e da Comunidade Econômica Européia. Estudou com John Carver, em Atlanta, em 1995. Curiosa quanto ao modo como seu modelo de governança funcionaria na prática, reuniu sete especialistas e onze organizações para escrever *The Policy Governance Fieldbook: Practical Lessons, Tips and Tools from the Experience of Real-World Boards* (1998), que exemplificava que, embora poucos conselhos adquiram uma prática perfeita, todos os conselhos estudados constataram vantagens significativas. Em 1999, Oliver participou da organização de um *think tank* internacional sobre o futuro das Políticas de Governança, o que levou, em junho de 2001, à formação da International Policy Governance Association, presidida por ela. O objetivo da associação é a "implementação das Políticas de Governança com alta qualidade", dentro do contexto de "organizações produtivas com responsabilidades para com seus proprietários".

Como consultora de governança, Oliver trabalha com uma grande variedade de conselhos e contribui regularmente com a revista *Board Leadership*. Oliver mora em Oakville, Ontário, com o marido, Ian Burgess, empresário do ramo de velas, e as duas filhas, Anna e Fiona. Entre em contato com ela pelo telefone 905-337-9412 ou pelo *email* coliver@carolineoliver.com, ou visite seu *Web site* no endereço www.carolineoliver.com.